Kochbuch für Diabetiker

365 Tage Leckere Rezepte für Diabetiker, inklusive vieler wichtiger Informationen zum Thema Diabetes

Patrick Metzger

Table of Contents

1. Vorwort..8

2. Was ist Diabetes?...9

    2.1 Diabetes Typ 1...10

    2.2 Diabetes Typ 2...11

3. Symptome von Diabetes...12

    3.1 Symptome von beginnendem Typ 1 Diabetes.....12

    3.2 Symptome von bestehendem Typ 2 Diabetes.....12

4. Leben mit Diabetes..13

    4.1 Die Ernährung..13

    4.2 Achten Sie auf Zucker in Lebensmitteln...........13

    4.3 Bewegung und Sport......................................14

    4.4 Die Diagnose..15

5. Abkürzungen und Umrechnungstabelle.....................16

    5.1 Anmerkungen..17

    6. Eintöpfe...18

Hack Kohl Eintopf...18

Mairübchen Eintopf...19

Mettwurst Eintopf..20

Blumenkohl Hack Eintopf...21

Spitzkohl Kartoffel Eintopf...22

Hähnchen Kartoffel Eintopf..23

Kürbis Eintopf...24

Steckrüben Rosenkohl Eintopf.......................................25

Weiße Bohnen Hackfleisch Eintopf.................................26

Wirsing Eintopf...27

Weißkohl Zwiebel Eintopf..28

Grüne Bohnen Eintopf..29

Kasseler Weißkohl Eintopf..30

Kartoffel Löwenzahn Eintopf..31

Kohlrabi Eintopf..32

Kürbis Spinat Eintopf...33

Cabanossi Käse Eintopf..34

Pichelsteiner Eintopf..35

Möhren Eintopf mit Senf..36

Rote Beete Eintopf...37

    7. Salate..38

Pfifferling Salat...38

Herbst Salat mit Kürbis und Birne.................................39

Rote Beete Salat mit Apfel und Ziegenkäse..40

Rote Beete Linsen Salat..41

Gurken Melonen Salat..42

Avocado Hähnchen Salat mit Mango..43

Würziger Couscous Salat..44

Weißwurst Rettich Salat..45

Champignon Salat..46

Gerösteter Blumenkohl Salat..47

Nicoise Salat..48

Hähnchen Rotkohl Salat..49

Kabeljau Orangen Salat..50

Schneller Schopska Salat..51

Rote Bohnen Schafskäse Salat..52

Rucola Avocado Salat..53

Griechischer Salat..54

Walnuss Salat mit Parmesan..55

Linsen Bulgur Salat..56

Zwiebel Salat..57

8. Fleisch Gerichte..58

Fleisch Fackeln..58

Tandoori Fleisch mit Jägersoße..59

Gewürztes Kachel Fleisch..60

Überbackenes Fleisch mit Zwiebeln..61

Bulgarisches grüne Bohnen Fleischgericht..62

Rosenkohl Fleisch Pfanne..63

Nudel Pfanne mit Geschnetzeltem..64

Gulasch mit Pastinaken und Kartoffeln..65

Eingelegtes Grillfleisch..66

Fleisch in Gemüse und Erdnusssoße..67

Moussaka..68

Fleisch Röllchen..69

Fleisch Röllchen mediterran..70

Pichelsteiner Fleisch..71

Gekochte Frikadellen mit Petersilie..72

Polnische Klöße..73

Kroketten..74

Fleischsauerkraut mit Paprika..75

Schnelles Fleisch Toast..76

Fleisch Blumenkohlauflauf..77

9. Rezepte mit Reis..78

Sushi Reis 78
Hähnchen Ananas Curry mit Reis 79
Traditionelles Djuvec Reis 80
Reis Gemüse Auflauf 81
Basmatireis mit Safran und Kartoffeln 82
Zucchini Reis Pfanne 83
Reis mit Tomate und Thunfisch 84
Reisgericht nach türkischer Art 85
Hähnchen Teriyaki auf Reis 86
Gyros Reis Pfanne 87
Reis Lachs Pfanne 88
Gebratener Reis nach Malaysia Art 89
Geschmorte Paprika gefüllt mit Feta Reis 90
Reisbratlinge mit Möhren 91
Orientalischer Reis 92
Mandarinen Reis mit Geschnetzeltem 93
Reis Zucchini Puffer 94
Indisches Pilaw Reis 95
Gefüllte Champignons auf Reis 96
Reis mit Blattspinat 97
    10. Vegetarische Küche 98
Veggi Frikadellen 98
Chili con Carne vegetarisch 99
Low Carb Flammenkuchen 100
Paprika Zwiebel Quiche 101
Vegetarisches Gemüsecurry 102
Zwiebelschmalz 103
Vegetarische Köttbullar 104
Gefüllte Zucchini 105
Zwiebelkuchen 106
Gefüllte Weinblätter 107
    11. Suppen 108
Rote Beete – Orangen Suppe 108
Hähnchen Curry Lauch Suppe 109
Käse Hackfleisch Lauch Suppe 110
Zucchini Curry Suppe 111
Möhren Ingwer Suppe 112
Maiscreme Kokosmilch Suppe 113
Würzig scharfe Nudelsuppe 114
Reissuppe 115

Kartoffel Kokos Suppe..116

Kartoffel Bärlauch Suppe...117

Peking Suppe (scharf-sauer)...118

Kartoffel Spargel Suppe..119

Süßkartoffel Linsensuppe...120

Käse Gemüse Suppe..121

Kartoffel Kürbis Suppe mit Äpfeln..122

Blumenkohl Käse Suppe...123

Hackfleisch Rosenkohl Suppe..124

Rote Beete Meerrettich Suppe...125

Kohlrabi Kokos Suppe..126

Süßkartoffel Erdnuss Suppe..127

Arabische Spinat Suppe..128

Selbstgemachte Flädle Suppe..129

Apfel Paprika Suppe..130

Kartoffeln Pilz Suppe..131

Gurken Rahm Suppe...132

Rote Beete Kokos Suppe...133

Curry Zitronengras Suppe..134

Kohlrabi Petersilien Suppe..135

Kürbis – Orangen Suppe mit Croutons....................................136

Kartoffel Eier Suppe mit Erbsen...137

12. Fisch & Meeresfrüchte..138

Geräucherter Fisch im Linsensalat..138

Gebackener Fisch mit Gemüse...139

Fisch in Chilibutter...140

Kartoffelgulasch mit Fisch...141

Fisch mit Senfsoße..142

Fisch mit Kräutersoße..143

Scharfes Brokkoli Fisch Curry...144

Forellen im Zwiebelbett..145

Kurkuma Fisch mit Reis...146

Fisch Pesto...147

Fisch mit selbstgemachter Kruste...148

Ananas Fisch Curry...149

Pikanter Fisch aus dem Backofen..150

Fisch Paella..151

Fisch Frikadellen...152

Gurken Fisch Ragout...153

Orangen Fisch Pfanne...154

Zucchini Fisch Pfanne...155
Fisch Frikassee..156
Sauerkraut Fisch Auflauf...157
    13. Internationale Gerichte....................................158
Türkische Pide mit Sucuk...158
Türkischer Bulgursalat...159
Pogca Brötchen mit Schafskäse..160
Libanesische Spinat Taschen..161
Krautsalat nach libanesischer Art....................................162
Griechische Tsatsiki Creme...163
Griechischer Eintopf...164
Russische Piroggen mit Füllung.......................................165
Borschtsch – Rote Beete Suppe..166
Leberpastete nach dänischer Art......................................167
Indisches Naan Brot..168
Hähnchenpfanne nach indischer Art....................................169
Malaiische Currykartoffeln...170
Dal – indisches Linsengericht..171
Cevapcici..172
Schwedischer Erbseneintopf...173
Lammragout nach italienischer Art....................................174
Tortilla...175
Spanischer Bohneneintopf...176
Kotelett nach amerikanischer Art.....................................177
    14. Nudelgerichte...178
Nudeln mit Lachs-Sahne-Soße..178
Pilz Rahm Nudeln...179
Gebratene Nudeln mit asiatischem Gemüse..............................180
Mie-Nudeln Chinakohlsalat..181
Nudel Hack Gratin..182
Zucchini Sahne Nudeln..183
Thunfisch Nudel Auflauf..184
Rigatoni mit Schafskäse und Tomaten..................................185
Nudel Würstchen Auflauf..186
Speckrahm Nudeln mit Pfifferlingen...................................187
Nudeln Gemüse Pfanne...188
Nudeln mit Garnelen und Spinat.......................................189
Schinken Parmesan Nudeln...190
Gyros Auflauf mit Nudeln...191
Nudeln mit Erdnusssoße und Hähnchenbrust.............................192

Mozzarella Nudelsalat...193
Nudeln mit marinierten Cherrytomaten......................................194
Scharfe Nudeln mit Paprika Soße..195
Mediterrane Kräuter Nudel Pfanne..196
Türkische Nudeln mit Knoblauchsoße..197
    15. Desserts...198
Waffeln für Diabetiker..198
Spritzgebäck...199
Zebrakuchen...200
Karottenkuchen...201
Quarkbrot...202
Zwetschgenkuchen..203
Bananenkuchen...204
Leichter Käsekuchen..205
Orangensorbet..206
Kokosmakronen...207
    16. Getränke...208
Russischer Gewürztee..208
Masala Chai Tee..209
Einfacher Erkältungstee...210
Ingwer Kurkuma Tee..211
Grapefruit Tee...212
Minze Ingwer Tee..213
Pfefferminz Melissen Tee...214
Einfacher Anis Tee...215
Einfacher Rosmarin Kirschtee...216
Zitrus Tee...217
17. Schlusswort...218
18. Rechtliches..219

1. Vorwort

200 Rezepte – Für Diabetiker

Dieses Kochbuch umfasst 200 Rezepte die speziell für Diabetiker gut zubereitbar und verdaubar sind. Sowohl für Menschen mit dem Diabetes Typ 1 oder dem Diabetes Typ 2.

Die als allgemein bekannte „Zuckerkrankheit" schränkt viele Menschen bei dem Genuss von Lebensmitteln ein. Dabei kann man auch ganz ohne Zucker köstliche Gerichte zubereiten und verzehren. Genau dafür ist dieses Kochbuch verfasst worden.

Was erwartet Sie in diesem Kochbuch?

Hier finden Sie allerlei Gerichte, die trotz der Zuckerkrankheit verzehrt werden können. Um für eine besondere Vielfalt zu sorgen, bieten wir eine große Auswahl an folgenden Rezepten:

- Eintöpfe
- Gerichte mit Fleisch
- Salate
- Reis Gerichte
- Vegetarische Küche
- Suppen
- Fisch und Meeresfrüchte
- Internationale Gerichte
- Nudeln
- Desserts
- Getränke & Tee

Gleichzeitig finden Sie einen kurzen Ratgeberteil in diesem Buch und einige Informationen zu diesem Thema. Wir wünschen Ihnen viel Erfolg beim Zubereiten der Rezepte!

2. Was ist Diabetes?

Diabetes mellitus ist der Sammelbegriff für vielfältige Störungen des menschlichen Stoffwechsels, deren Hauptmerkmal die chronische Überzuckerung ist.

Daher spricht man auch von der „Zuckerkrankheit". Doch nicht immer ist bei einem Diabetes nur der Kohlenhydratstoffwechsel gestört.

Immer wieder lässt sich nachweisen, dass auch der Eiweißstoffwechsel aus der Balance geraten ist.

Das Insulin, ein lebensnotwendiges Stoffwechselhormon, das den Stoffwechsel steuert, spielt bei der Entwicklung eines Diabetes eine entscheidende Rolle.

So liegen die Ursachen für eine Diabetes-Erkrankung in unterschiedlichen Störungen der Freisetzung des Insulins aus den sogenannten Beta-Zellen der Bauchspeicheldrüse bis hin zu einem absoluten Insulinmangel.

Der Typ-1-Diabetes ist eine Autoimmun-Erkrankung, bei der die Insulin-produzierenden Zellen in der Bauchspeicheldrüse durch das körpereigene Abwehrsystem zerstört werden.

Der Körper produziert kein Insulin mehr.

Es kommt zu einem absoluten Insulinmangel mit der Folge, dass die in der Nahrung enthaltenen Brennstoffe nicht mehr ausreichend in die Körperzellen geschleust und verstoffwechselt werden können.

Menschen mit Typ-1-Diabetes müssen daher ein Leben lang mehrfach am Tag Insulin spritzen und die Insulindosis immer wieder anpassen, um die Blutglukose möglichst stabil und normal einzustellen.

So können schwerwiegende Folgeerkrankungen an Gefäßen und Nerven weitgehend verhindert oder wesentlich verzögert werden.

Der klassische Typ-1-Diabetes tritt vornehmlich bei Kindern, Jugendlichen und jungen Erwachsenen auf.

Etwa 90% der Betroffenen haben einen Typ-2-Diabetes.

Kennzeichnend für diese Diabetes-Form ist, dass die Wirkung des Insulins in den Körperzellen vermindert ist (=Insulinresistenz), immer gleichzeitig gekoppelt mit einem Insulinmangel.

Der Typ-2-Diabetes ist extrem vielschichtig und komplex und zeigt sich in unterschiedlichen Graden von Insulinresistenz und Insulinmangel.

Der Typ-2-Diabetes oder dessen Vorstufen sind häufig mit anderen Problemen des Metabolischen Syndroms verknüpft.

Dieser Diabetes-Typ geht zu über 80% mit Fettleibigkeit (Adipositas) einher.

Der Typ-2-Diabetes ist die häufigste Diabetes-Form.

3. Symptome von Diabetes

Die klassischen Symptome wie Gewichtsverlust, auffälliger Durst und erhöhten Harnfluss werden vor allem bei jüngeren Menschen mit einem beginnenden Typ-1-Diabetes beobachtet.

Bei älteren Menschen sind diese Beschwerden eher untypisch. Deshalb ist es sinnvoll, im Rahmen von Vorsorgeuntersuchungen den Nüchtern-Glukosewert kontrollieren zu lassen.

3.1 Symptome von beginnendem Typ 1 Diabetes

- Häufiges Wasserlassen
- Müdigkeit/Abgeschlagenheit
- Allgemeine Schwäche
- Hunger oder Appetitlosigkeit
- Plötzlicher Gewichtsverlust
- Schlecht heilende Wunden
- Erhöhte Infekt-Anfälligkeit

3.2 Symptome von bestehendem Typ 2 Diabetes

- Müdigkeit, Leistungsschwäche
- Antriebsarmut
- Depressive Verstimmungen
- Störungen der Merkfähigkeit und Konzentration
- Krankhaft gesteigerter Appetit
- Allgemeine Infektionsneigung
- Folgeerkrankungen des Diabetes

4. Leben mit Diabetes

Bei dieser Krankheit ist die richtige Ernährung besonders wichtig. Essen Sie ausgewogen und vor allem abwechslungsreich.

4.1 Die Ernährung

Im Idealfall essen Sie jeden Tag Gemüse oder Obst. Trinken Sie viel Wasser.

Essen Sie wenig Fett und Süßigkeiten. Wenn möglich können Sie Süßes auch ganz vermeiden, sofern nach dem Konsum Symptome auftreten.

Als Beispiel sollten Sie folgendes nach Möglichkeit meiden: Fettes Fleisch und Wurst, Fertig-Produkte, Chips und Schokolade.

Essen Sie lieber Fette von Pflanzen. Zum Beispiel: Raps-Öl, Oliven-Öl, Nüsse und Samen.

Trinken Sie keinen oder nur wenig Alkohol.

4.2 Achten Sie auf Zucker in Lebensmitteln

Es gibt verschiedene Arten von Zucker. Industrie-Zucker erhöht schnell den Blutzucker. Vermeiden Sie deshalb Lebensmittel mit Industrie-Zucker. Zum Beispiel:

Getränke mit Zucker, Süßigkeiten und Fertig-Produkte. Essen Sie wenig davon.

Auch gesunde Lebensmittel haben Zucker. Zum Beispiel:

Gemüse, Linsen, Erbsen, Vollkorn-Produkte oder Milch.

Der Zucker bei diesen Lebensmitteln hat wenig Einfluss auf den Blutzucker. Diese Lebensmittel sollen Sie öfter essen.

Bewegung und Sport sind wichtig für Ihre Gesundheit und senkt den Blutzucker und den Blutdruck. Bewegung hilft Ihnen beim Abnehmen, kräftigt die Muskeln und macht Sie fit. Suchen Sie sich eine Aktivität, die Ihnen Spaß macht.

Hier finden Sie einige Tipps zum Thema Bewegung:

Fragen Sie Ihre Ärztin oder Ihren Arzt, worauf Sie beim Sport und bei Bewegung achten sollen. Setzen Sie sich Ziele für den Sport oder für die Bewegung im Alltag.

Bewegen Sie sich mehr im Alltag. Zum Beispiel:

Nehmen Sie die Treppe statt den Aufzug. Gehen Sie nach Möglichkeit zu Fuß, statt Bus zu fahren.

Wollen Sie Sport machen? Dann suchen Sie sich eine Sportart aus, die Ihnen Spaß macht.

Gut ist eine Sportart, bei der Sie Kraft und Ausdauer üben. Zum Beispiel: Joggen oder Gymnastik.

Wenn Sie keinen Sport mögen, dann bewegen Sie sich viel im Alltag. Sport ist selbstverständlich nicht zwingend notwendig.

Verantwortung übernehmen

Im ersten Schritt sollten Sie erkennen, dass in erster Linie Sie selbst dafür verantwortlich sind, wie sich die Erkrankung weiterentwickelt.

Nicht der Arzt oder Ihre Angehörigen sorgen dafür, dass sich Ihre Blutzuckerwerte verbessern oder Ihr Gewicht reduziert, sondern nur Ihre persönliche Entscheidung, etwas dafür oder dagegen zu tun, sowie Ihr daraus abgeleitetes Handeln.

Sich bewusst werden

Ein neues Leben zu beginnen heißt auch, dass Sie sich bewusst machen, welche Gewohnheiten maßgeblich zu Ihrer Erkrankung beitragen.

Vielleicht wäre jetzt ein guter Zeitpunkt, sich mit dem, was Ihre Seele bedrückt, auseinanderzusetzen und nach Lösungen zu suchen.

Sich selbst vertrauen

Gewohnheiten ändern zu wollen hat sehr viel mit Selbstvertrauen zu tun. Was und wie viel trauen Sie sich wirklich zu, verändern zu können?

Hierbei kommt es darauf an, dass Sie sich möglichst realistische Ziele setzen, die Sie auch tatsächlich erreichen können. Wenn Sie zum Beispiel dauerhaft abnehmen wollen, sollte nicht Ihr weit entferntes Idealgewicht das Ziel sein, sondern Teilziele angestrebt werden.

Es kommt darauf an, dass Sie sich Ihr neues Ess- und Trinkverhalten in dem Maße angewöhnen, wie Sie es sich zutrauen.

5. Abkürzungen und Umrechnungstabelle

Abkürzungen

EL = Esslöffel (gestrichen)
TL = Teelöffel (gestrichen)
Msp. = Messerspitze
Pck. = Päckchen
TK = Tiefkühl

ca. = Circa
Min. = Minuten
Std. = Stunden
cm = Centimeter

Umrechnungstabelle

1l = 1.000 ml
1 Tasse = 150 ml
1 Glas = 200 ml

1 Esslöffel = 15 ml
1 Teelöffel = 5 ml

Alle Rezepte, sofern nicht anders angegeben, sind für 4 Portionen gedacht. Ausgenommen sind die Getränke.

Bitte achten Sie darauf, welche Gerichte Sie problemlos verzehren können, da jede Person anders auf entsprechende Zutaten reagiert.

Wir empfehlen außerdem nach Möglichkeit nur mit Pfeffer, statt zusätzlich noch mit Salz abzuschmecken.

Für alle Rezepte wird kein Zucker oder ggf. sehr wenig Zucker verwendet, um für Diabetiker zubereitbar zu sein.

Hack Kohl Eintopf

½	Weißkohl
400 g	Kartoffeln, festkochend
2 EL	Öl
400 g	Hackfleisch
1 TL	Kümmel, ganz
1 TL	Paprikapulver, edelsüß
	Pfeffer
1 Liter	Fleischbrühe, heiße
1	Lorbeerblatt
½ Bund	Petersilie, gehackt

Den Weißkohl putzen und halbieren, den Strunk entfernen. Anschließend den Weißkohl quer in 2 cm große Stücke schneiden. Die Kartoffeln schälen sowie in 1 cm breite Scheiben schneiden.

In einem großen Topf das Öl erhitzen und das gemischte Hack gemeinsam mit Kümmel bei starker Hitze grob krümelig braten. Außerdem kräftig mit edelsüßem Paprikapulver und Pfeffer würzen.

Jetzt die Kartoffeln und den Weißkohl über das Hack schichten und dann die heiße Fleischbrühe sowie das Lorbeerblatt hinzugeben. Etwa 30 Minuten bei milder Hitze zugedeckt kochen.

Danach das Lorbeerblatt entfernen und den Eintopf mit 1/2 Bund gehackter Petersilie und etwas edelsüßem Paprikapulver bestreut servieren.

Mairübchen Eintopf

500 g	Hackfleisch
3 große	Mai Rüben je 300 g - 400 g
2	Möhren
3 große	Kartoffeln, fest kochende
2	Zwiebeln
2 Zehen	Knoblauch
1 EL	Tomatenmark
1 ½ Liter	Hühnerbrühe oder Gemüsebrühe
200 g	Schmelzkäse mit Kräutern
½ TL	Kümmel
1 TL	Majoran, getrockneter
1 EL	Paprikapulver, edelsüß

Das Gemüse schälen und würfeln. Zwiebeln und Knoblauch abziehen und zerkleinern. Das Öl in einem großen Topf erhitzen und das Hackfleisch darin anbraten.

Sobald es anfängt Farbe zu nehmen, die Zwiebeln hinzufügen und so lange weiterbraten, bis das Hackfleisch fast braun ist. Jetzt den Knoblauch, das Tomatenmark, die Kartoffeln und die Möhren zugeben.

Kurz mitschwitzen und mit der Brühe ablöschen. Lorbeerblatt, Kümmel, Majoran und Muskat zugeben. Aufkochen lassen und etwa 10 Minuten auf kleiner Flamme köcheln.

Jetzt die Mairübchen zugeben und in weiteren 10 Minuten bissfest garen - dann sollten auch die Möhren und Kartoffeln weich sein. Das Paprikapulver und den Schmelzkäse zufügen und unter mehrmaligem Umrühren auflösen. Mit Pfeffer abschmecken und evtl. mit Petersilie bestreut servieren.

Mettwurst Eintopf

4	Mettwürstchen
1 gr. Dose	Tomaten, geschälte
1 gr. Dose	Bohnen, grüne
2 große	Zwiebeln
4 große	Kartoffeln
1 Prise	Pfeffer
1 EL	Öl
1 Würfel	Brühe

Die Zwiebeln klein schneiden und in Öl anschwitzen. Die geschälten Tomaten mit der Flüssigkeit und die Flüssigkeit zugeben und ca. 10 - 15 Minuten köcheln lassen.

Dann mit dem Pürierstab zu einer Soße pürieren. Den Brühwürfel und die in Scheiben geschnittenen Mettenden hinzugeben. Das Ganze muss jetzt ca. 1 - 1,5 Stunden bei mittlerer Hitze köcheln.

Etwa eine halbe Stunde vor Kochzeitende die in mundgerechte Stücke geschnittenen Kartoffeln und Bohnen hinzugeben. Am Ende mit Pfeffer abschmecken.

Blumenkohl Hack Eintopf

2	Zwiebeln, gehackt
400 g	Hackfleisch, gemischt
800 g	Kartoffeln, geschält, gewürfelt
1	Blumenkohl
200 g	Schmelzkäse
1 Prise	Chilipulver
1 TL	Paprikapulver, edelsüß
	Pfeffer
1.200 ml	Wasser
1 EL	Öl

Das Hackfleisch in einem großen Topf in dem heißen Öl kräftig anbraten, die Zwiebeln hinzugeben und kurz mit braten, Chili und Paprikapulver unterrühren.

Den Blumenkohl in mundgerechte Stücke zerkleinern und zusammen mit den Kartoffelwürfeln in den Topf geben.

Mit so viel Wasser aufgießen, dass die Zutaten fast bedeckt sind. Mit Pfeffer würzen, bei geschlossenem Deckel etwa 20 Minuten köcheln lassen, bis das Gemüse weich ist.

Den Schmelzkäse unterrühren und noch einmal mit Pfeffer abschmecken.

Spitzkohl Kartoffel Eintopf

1	Spitzkohl, (750 g)
400 g	Kartoffeln
350 g	Möhren
1	Zwiebel
40 g	Butter
1 Liter	Gemüsebrühe
2 EL	Öl
8 Stück	Bratwurst
1 Becher	Schlagsahne, (200 g)
3 EL	Saucenbinder, heller
	Pfeffer
1 EL	Senf, mittelscharfer
½ Topf	Majoran

Kohl putzen, waschen und vierteln. Strunk herausschneiden. Kohl in breite Streifen schneiden. Kartoffeln schälen, waschen und halbieren. Möhren putzen, schälen und in Scheiben schneiden. Zwiebel schälen und grob würfeln.

10 g Fett in einem Topf erhitzen. Zwiebel darin andünsten. Kohl, Kartoffeln und Möhren zufügen, ungefähr 5 Minuten mitdünsten.

Das Gemüse mit der Brühe ablöschen und alles zugedeckt bei schwacher Hitze etwa 15 Minuten kochen lassen.

In der Zwischenzeit Öl in einer Pfanne erhitzen und die Bratwürste darin bei mittlerer Hitze 10 Minuten unter mehrmaligem Wenden braten. Sahne zum Eintopf geben. Den Soßenbinder einrühren und nochmals kurz aufkochen. Eintopf mit Pfeffer und Senf pikant abschmecken.

Den Majoran waschen, trockenschütteln und die Blättchen von den Stielen zupfen.

Die Rostbratwürste in kleine Stücke schneiden. Den Eintopf mit den Rostbratwürstchen auf Tellern anrichten. Mit Majoran Blättchen bestreuen und sofort servieren.

Hähnchen Kartoffel Eintopf

500 g	Drillinge
250 g	Hähnchenbrustfilets
2 g	Speisestärke
5 g	Dill
1	Zucchini
1 Stange	Porree
75 g	Crème fraîche
½ EL	Senf
1 g	Muskatnuss
500 ml	Hühnerbrühe
1 EL	Olivenöl
	Pfeffer

Ungeschälte Kartoffeln in ca. 1/2 cm breite Scheiben schneiden. Heiße Hühnerbrühe vorbereiten. Hähnchenbrust mit Küchenpapier trocken tupfen. In einer großen Pfanne Olivenöl erhitzen und die Hähnchenbrust darin je Seite 4 - 5 Minuten braten.

Kartoffelscheiben zugeben und ca. 1 Minute mitbraten. Mit der vorbereiteten Hühnerbrühe ablöschen und abgedeckt 10 - 15 Minuten garen lassen, bis die Kartoffelscheiben weich sind.

Währenddessen in einer kleinen Schüssel Speisestärke mit ein wenig kaltem Wasser glatt rühren. Spitzen vom Dill abzupfen und grob hacken. Zucchini in ca. 1/2 cm breite Scheiben schneiden. Porree in ca. 1 cm dicke Scheiben schneiden.

Den Deckel von der Pfanne nehmen, die Hitze höher stellen, gelöste Speisestärke einrühren, aufkochen lassen und 3 - 4 Minuten einköcheln lassen, bis die Sauce etwas eingedickt ist. Zucchini- und Porree Scheiben zugeben und unterrühren. Deckel erneut aufsetzen und 3 - 5 Minuten weiter köcheln lassen, bis das Gemüse gar, aber noch bissfest ist.

Crème fraîche und Senf unter die Sauce rühren, mit Muskatnuss und Pfeffer abschmecken. Abschließend die Dillspitzen unterheben.

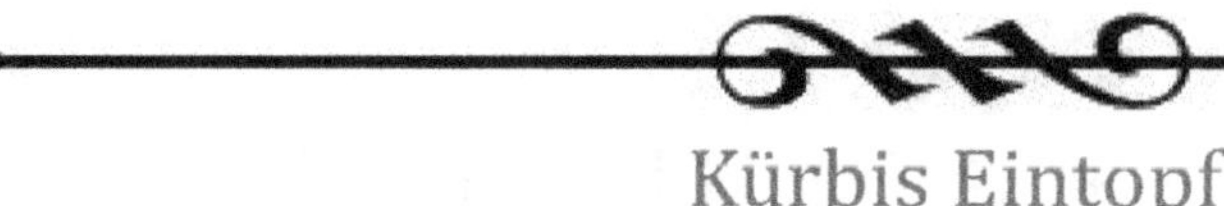

Kürbis Eintopf

700 g	Kartoffeln
2	Zwiebeln
1 Zehe	Knoblauch
500 g	Kürbisfleisch, geschält, ohne Kerne
2 EL	Butterschmalz
500 g	Hackfleisch
1 Bund	Majoran
200 g	Tomaten, stückige
500 ml	Fleischbrühe
2 Stangen	Lauch
1 kl. Dose	Bohnen, weiße
	Pfeffer, schwarzer

Kartoffeln schälen, bei Bedarf kleiner schneiden und in Salzwasser ca. 25 Minuten garen. Zwiebeln und Knoblauch schälen und fein würfeln. Das Kürbisfruchtfleisch in 2 cm große Würfel schneiden.

Butterschmalz in einer großen Pfanne erhitzen und das Hackfleisch darin krümelig braten. Zwiebeln, Knoblauch und Kürbis zufügen und mitbraten. Majoran waschen, Blättchen abzupfen und zufügen. Tomaten und Brühe zugießen. Alles zugedeckt 15 Minuten köcheln lassen.

Lauch putzen, waschen und in Ringe schneiden. Mit den abgetropften Bohnen unterrühren. Weitere 10 Minuten köcheln lassen. Mit Pfeffer abschmecken.

Steckrüben Rosenkohl Eintopf

1 kg	Steckrüben, gewürfelt
500 g	Rosenkohl
300 g	Möhren, gewürfelt
200 g	Maronen
1 große	Zwiebeln, gewürfelt
2 EL	Butterschmalz
100 g	Speck, gewürfelt
1 ½ Liter	Fleischbrühe, instant
4	Mettwürstchen, geräuchert, in Scheiben
½ Bund	Petersilie, fein gehackt
1 EL	Majoran, gerebelt,
n. B.	Pfeffer, bunt, aus der Mühle

Die geschälten Steckrüben in ca. 2x2cm und die Möhren in ca. 1x1 cm große Würfel schneiden. Den Rosenkohl putzen und den Strunk kreuzweise einschneiden.

In einem großen Topf das Butterschmalz erhitzen, den Speck darin auslassen und die gewürfelte Zwiebel goldbraun anbraten. Nun das gesamte Gemüse nach und nach mit den Maronen und 2/3 der Petersilie dazu geben und unter Öfteren Umrühren ca. 15 Min. anrösten.

Die heiße Brühe angießen, mit Majoran und Pfeffer würzen, zum Kochen bringen und alles 10 Min. kochen lassen. Dann mit einem Schaumlöffel etwa 2/3 vom Inhalt entnehmen und beiseite stellen. Nun den Rest noch ca. 10 Min. kochen lassen, bis alles gar ist, dann pürieren.

Bei Bedarf noch etwas Brühe dazugeben. Danach das entnommene Gemüse mit den Mettwurstscheiben wieder dazugeben. Alles noch ca. 5-10 Min. köcheln lassen, bis auch das restliche Gemüse gar ist. Es sollte allerdings noch etwas Biss haben. Mit Pfeffer abschmecken. Vor dem Servieren mit der restlichen Petersilie bestreuen.

Weiße Bohnen Hackfleisch Eintopf

60 g	Räucherspeck, gewürfelt
40 g	Butter
250 g	Hackfleisch
3	Zwiebeln, fein geschnitten
500 g	Kartoffeln, fein geschnitten
750 ml	Fleischbrühe
1 kl. Dose	Bohnen, weiß
3 EL	Tomatenketchup
1 EL	Tomatenmark
	Pfeffer, schwarz
	Crème fraîche
	Chilipulver

Den gewürfelten Räucherspeck in der Butter auslassen. Das Hackfleisch darin anbraten, die Zwiebeln und die Kartoffeln zugeben.

Ein paar Minuten mitdünsten lassen, dabei häufig wenden. Mit der Fleischbrühe ablöschen. Die weißen Bohnen, den Ketchup und das Tomatenmark zugeben. Den Eintopf 20 Minuten langsam köcheln lassen.

Mit den Gewürzen und Crème fraiche abschmecken. Bis zum Verzehr den Eintopf noch 1 Stunde ruhen lassen.

Wirsing Eintopf

1	Wirsing
etwas	Speck, gewürfelt
1 kleine	Zwiebel
etwas	Butter
250 ml	Brühe
4	Kartoffeln
	Pfeffer, schwarz

Die äußeren Wirsingblätter entsorgen, bei den restlichen Wirsingblättern den Strunk entfernen und diese in Streifen schneiden. Die Kartoffeln schälen und in kleine Würfel schneiden (ca. 2 x 2 cm).

Butter im Topf erhitzen, die feingewürfelte Zwiebel und die Speckwürfel anbraten. Dann den Wirsing und die gewürfelten Kartoffeln hinzugeben und die Brühe angießen.

Das Ganze bei geschlossenem Deckel ca. 20 Minuten bei mittlerer Hitze köcheln lassen, zwischendurch umrühren, mit schwarzem Pfeffer würzen.

Weißkohl Zwiebel Eintopf

½ Kopf	Weißkohl
1 große	Zwiebel
4	Kartoffeln, festkochend
1 EL, gehäuft	Senf
1 Liter	Gemüsebrühe
1 TL	Kümmelpulver
	Paprikapulver, edelsüß
	Pfeffer
3 EL	Öl

Vom Weißkohl die äußeren Blätter und den Strunk entfernen. Den Kohl in Streifen schneiden. Die Zwiebel schälen und nach Belieben klein schneiden.

Das Öl in einem gusseisernen Topf erhitzen, die Zwiebel anbraten und nach kurzer Zeit den Kohl dazugeben.

Mit Kümmel und Paprika würzen. Wenn das Kraut schön Farbe genommen hat, die Gemüsebrühe dazu geben, aufkochen lassen. Auf mittlerer Stufe köcheln lassen.

In der Zwischenzeit die Kartoffeln schälen und klein würfeln. Nach ca. 20 Min. die Kartoffeln zur Suppe geben und weitere 10 - 15 Min. köcheln lassen. Jetzt sollte alles weich sein. Den Senf dazugeben und nach Bedarf mit Pfeffer würzen.

Grüne Bohnen Eintopf

500 g	Rindfleisch, mageres
40 g	Margarine
1 m.-große	Zwiebel
	Pfeffer
750 ml	Gemüsebrühe
800 g	Bohnen, grüne
500 g	Kartoffeln
2 Stängel	Bohnenkraut

Das Fleisch unter kalt fließendem Wasser waschen, trocken tupfen und in 2 cm große Würfel schneiden.

Die Margarine erhitzen und das Fleisch darin schwach bräunen. Die Zwiebel würfeln, zum Fleisch geben und kurz mitbraten. Pfeffern. Die Hälfte der Brühe hinzufügen und das Fleisch zugedeckt 20 Minuten schmoren.

Von den Bohnen die Enden abschneiden und die Bohnen ggf. abfädeln. Waschen und kleiner schneiden.

Die Kartoffeln schälen und würfeln. Das Bohnenkraut waschen und trocken tupfen.

Dann Bohnenkraut, Bohnen, Kartoffeln und die restliche Brühe zum Fleisch geben, aufkochen lassen und kochen, bis Fleisch und Kartoffeln gar sind.

Mit Pfeffer abschmecken und das Bohnenkraut vor dem Servieren entfernen.

Kasseler Weißkohl Eintopf

500 g	Kasseler, gewürfelt
½ Kopf	Weißkohl
300 g	Möhren
1 Bund	Frühlingszwiebeln
2	Zucchini
400 g	Kartoffeln
2 EL	Öl
	Pfeffer
1 EL	Kümmel
1 Liter	Wasser oder Gemüsebrühe
evtl.	Wiener Würstchen

In einem großen Topf zuerst das gewürfelte Kasseler Fleisch in dem Öl anbraten. Dabei sollte das Fleisch nicht zu sehr gebräunt werden.

Das Gemüse in mundgerechte Stücke schneiden und die Kartoffeln würfeln. Nachdem das Fleisch angebraten ist, zuerst den Kohl und die Möhren mit in den Topf geben.

Beides kurz mit anschwitzen und anschließend mit Wasser oder Brühe ablöschen. Mit Pfeffer würzen und den Kümmel entweder direkt in den Topf geben oder in einem Tee-Ei in den Topf hängen. Alles ca. 15 Minuten kochen lassen.

Nun kann man Zucchini, Frühlingszwiebeln und Kartoffeln dazugeben und alles weitere 20 Minuten kochen lassen. Zum Schluss noch mal alles nach Geschmack würzen.

Kartoffel Löwenzahn Eintopf

1 kg	Kartoffeln, am besten mehlig kochend
250 g	Löwenzahn
180 g	Speck, geräucherter
1 TL	Butter
2	Zwiebeln
40 g	Mehl
¾ Liter	Brühe
½ EL	Essigessenz
	Pfeffer
	Sahne

Die Kartoffeln schälen und kochen. Löwenzahn säubern, waschen, klein schneiden und gut abtropfen lassen.

Für die Soße eine beliebige Menge Speck würfeln und unter Zugabe von Butter in einem Kessel bei geringer Hitze auslassen.

Nach Bildung von genügend Fett die klein geschnittenen Zwiebeln dazu geben und dünsten bis sie hellbraun sind. Anschließend das Mehl einrühren und anbräunen.

Unter Rühren und der Zugabe von Flüssigkeit aufkochen und ca. 10 min. ziehen lassen. Die Soße mit Pfeffer und Essig abschmecken und zum Verfeinern noch etwas süße Sahne einrühren.

Nach Beendigung der Kochzeit die Kartoffeln abgießen, die Specksoße darüber geben und die Masse stampfen. Zum Schluss den Löwenzahn unterrühren und kurz erhitzen.

Kohlrabi Eintopf

2	Kohlrabi, geschält, mit Blattgrün
5	Möhren, in Scheiben
5	Kartoffeln, geschält, gewürfelt
½ Bund	Petersilie, geschnitten
4	Bratwürste, frische, gehäutet
2 große	Zwiebeln, gewürfelt
1 Liter	Gemüsebrühe
2 EL	Crème fraîche oder Schmand, gehäuft
1 EL	Butter
2 EL	Fett, zum Braten
1 Prise	Muskat, gerieben

Die Zwiebeln in einem EL Fett glasig dünsten, die Kartoffelstücke dazu geben und weiterschmoren. Nach etwa 10 Minuten die Kohlrabi mit Grün (zerkleinert) und die Möhrenscheiben zugeben, nach etwa weiteren 5 Minuten mit der Gemüsebrühe aufgießen und 10-15 Minuten auf kleiner Flamme köcheln lassen.

In der Zeit die frische Bratwurst häuten und aus dem Brät kleine Kugeln formen und in einer Pfanne mit dem restlichen Fett von allen Seiten bräunen und zur Seite stellen.

Wenn das Gemüse gar ist (es sollte noch einen ganz leichten Biss haben) den Schmand, die Butter, Muskatnuss und die Bällchen unterrühren, nachwürzen, und mit der frischen Petersilie bestreut, servieren.

Kürbis Spinat Eintopf

1 großer	Hokkaidokürbis
250 g	Blattspinat, TK
1 Dose	Kokosmilch (400 ml)
750 ml	Gemüsebrühe
150 g	Linsen, rote, braune oder schwarze
2 m.-große	Zwiebeln
2 Zehen	Knoblauch
etwas	Pfeffer
etwas	Kurkuma
etwas	Koriandergrün
etwas	Öl zum Braten

Den Kürbis entkernen und das Fleisch in mundgerechte Stücke schneiden. Die Zwiebeln und Knoblauchzehen schälen und fein hacken.

Etwas Öl in einem Topf oder einer sehr großen Pfanne heiß werden lassen und Zwiebel, Knoblauch und Kürbisstücke zugeben. Das Gemüse bei mittlerer Hitze leicht anschwitzen, dann erst die Linsen zugeben.

Diese kurz mitbraten dann rasch mit der Brühe ablöschen. Den Tiefkühlspinat zugeben und ca. 15 - 20 Minuten mit geschlossenem Deckel köcheln lassen. Ab und zu umrühren, damit sich der Spinat verteilt. Nach Ablauf der Zeit die Kokosmilch zugeben und einrühren.

Mit Pfeffer und Kurkuma würzen und weitere 10 - 15 Minuten offen kochen lassen, bis die gewünschte Sämigkeit erreicht ist. Anrichten und mit Koriandergrün bestreut servieren.

Cabanossi Käse Eintopf

450 g	Cabanossi
1	Zwiebel
500 g	Kartoffeln
400 g	Möhren
1 Stange	Porree
30 g	Öl
1 EL	Mehl
1 Liter	Brühe
200 g	Schmelzkäse mit Kräutern
1 Bund	Petersilie, gehackt
	Pfeffer

Die Cabanossi in Scheiben schneiden. Zwiebel abziehen und fein hacken. Die Kartoffeln schälen und waschen. Das Gemüse putzen und waschen. Die Kartoffeln in kleine Würfel, Möhren in Scheiben, den Porree in feine Ringe schneiden.

Das Fett in einem Topf erhitzen und die Cabanossi-Scheiben darin anbraten. Die Zwiebelwürfel dazugeben und leicht anschwitzen. Mit Mehl bestäuben. Unter Rühren die Brühe angießen. Alles kurz aufkochen lassen.

Kartoffeln und Möhren hineingeben und bei mittlerer Hitze 12 - 15 Minuten garen.

Die Porree Ringe und den Schmelzkäse unterrühren. Den Eintopf weitergaren, bis der Käse ganz geschmolzen ist. Vor dem Servieren den Käse-Cabanossi-Eintopf mit Pfeffer abschmecken und mit gehackter Petersilie bestreuen.

Pichelsteiner Eintopf

500 g	Fleisch aus der Schulter, gemischt
500 g	Kartoffeln, geschält, gewürfelt
½ Kopf	Wirsing, geputzt, in Rauten geschnitten
½ Kopf	Weißkohl, geputzt, in Rauten geschnitten
2	Zwiebeln, geschält, in Scheiben geschnitten
1 Bund	Suppengrün, geputzt, klein gewürfelt
2 EL	Öl
500 ml	Fleischbrühe, heiß
	Pfeffer
	Kümmel
	Paprikapulver

In Würfel geschnittenes Fleisch in heißem Öl mit den Zwiebelscheiben 15 Minuten braten.

Mit Pfeffer, Paprika und Kümmel würzen. Gemüse und Kartoffeln lagenweise darauf schichten, die Kartoffeln zuletzt.

Jede Lage nicht zu sparsam mit allen Gewürzen würzen. Seitlich die heiße Brühe angießen, zudecken und ca. 1 Stunde bei milder Hitze köcheln lassen, ohne umzurühren.

Möhren Eintopf mit Senf

1	Zwiebel
250 g	Kartoffeln
250 g	Möhren
200 ml	Gemüsebrühe oder Fleischbrühe
2 EL	Senf
8 kleine	Rostbratwürstchen
	Pfeffer

Die Zwiebel schälen und in grobe Würfel schneiden. Kartoffeln schälen, halbieren und in Scheiben schneiden. Die Möhren ebenfalls schälen und in Scheiben schneiden oder hobeln.

Die Zwiebeln in etwas Öl andünsten, dann die Kartoffeln und die Hälfte der Brühe dazugeben und 10 Minuten leicht köcheln lassen. Anschließend die Möhren und die restliche Brühe dazugeben. Weitere 10 Minuten köcheln lassen.

In dieser Zeit die Rostbratwürstchen braten oder im Ofen grillen und in Stücke schneiden.

Zum Eintopf jetzt Senf und Pfeffer geben und abschmecken. Am Schluss kommen die Würstchen noch dazu.

Rote Beete Eintopf

1 kg	Rote Bete
300 g	Hackfleisch vom Rind
1 EL	Öl
1	Zwiebel
1	Knoblauchzehe
1 Tasse	Gemüsebrühe
1 Becher	Schmand
	Koriander
	Essig
	Piment
1	Lorbeerblatt

Rote Bete mit Wasser bedeckt ca. 45 Minuten in der Schale weich kochen. Das Wasser abgießen und die roten Rüben etwas abkühlen lassen, dann schälen und grob raspeln. Die Zwiebel würfeln und den Knoblauch sehr klein schneiden.

Das Rinderhack in Öl anbraten bis es krümelig ist, Zwiebel und Knoblauch dazugeben und hellgelb anschwitzen.

Die geraspelten Rote Bete darüber geben. Gemüsebrühe und die Gewürze zugeben und ca. 10 Minuten köcheln lassen. Zum Schluss den Schmand zufügen und süßsauer abschmecken.

Pfifferling Salat

500 g	Pfifferlinge
1	Zwiebel
3 EL	Öl
½ Kopf	Salat, (Eisbergsalat)
1 EL	Senf
1 EL	Essig
1 Bund	Petersilie, glatte
	Pfeffer

Die Pfifferlinge putzen. Die Zwiebel fein würfeln, in Öl anbraten und die Pfifferlinge dazugeben, ca. 10 Minuten bei nicht zu hoher Hitze braten.

Den Salat putzen und auf 4 Teller verteilen. Ein wenig mit Essig und Öl beträufeln.

Die Petersilienblättchen vom Bund abzupfen (einige Blätter zum Garnieren zurücklegen) und grob hacken.

Die fertig gebratenen Pilze in der Pfanne mit Pfeffer, Essig und Senf abschmecken. Die Petersilie unterheben und die Pilze auf dem Salat anrichten.

Mit ein paar Petersilienblättchen garnieren.

Herbst Salat mit Kürbis und Birne

4 Port.	Salat (z.B. Feldsalat)
1	Birne, reife
150 g	Kürbis, Hokkaido
1 EL	Butter
	Muskat
10	Walnüsse
300 g	Blauschimmelkäse
3 EL	Weißweinessig
7 EL	Traubenkernöl
1 EL	Kürbiskernöl
	Pfeffer

Salat waschen und putzen. Birne schälen, vierteln, Kerngehäuse entfernen und schräg in Rauten schneiden.

Kürbis mit Schale in Stücke oder Spalten schneiden. Diese in einer Pfanne mit Butter kurz anbraten bzw. garen. Mit Muskat und Pfeffer würzen.

Walnüsse grob hacken und in einer Pfanne ohne Öl etwas rösten.

Essig und Gewürze in einer Schüssel mit einem Schneebesen verquirlen. Beide Ölsorten langsam unter schlagen zufügen.

Salat auf einem Teller anrichten und mit dem Dressing marinieren. Käse zerkleinern und zusammen mit Birne, Kürbis und Nüssen darauf verteilen.

Rote Beete Salat mit Apfel und Ziegenkäse

6 Scheiben	Baguettes
7 EL	Olivenöl
120 g	Ziegenkäse
1 Zweig	Rosmarin
2 EL	Zitronensaft oder 3 EL
1 TL	Senf, körniger
	Pfeffer
300 g	Rote Bete, gekocht und vakuumverpackt
1	Apfel, säuerlich
1 Bund	Rauke

Den Ofen auf 220 Grad vorheizen. Die Brotscheiben auf ein Blech legen und mit 2 EL Öl beträufeln. Ziegenkäse in 12 Scheiben schneiden.

Rosmarinnadeln von den Stielen streifen und hacken. Brotscheiben mit je 2 Scheiben Ziegenkäse belegen und mit Rosmarin bestreuen.

Zitronensaft mit 2 EL Wasser, Senf und Pfeffer verrühren. 5 EL Öl nach und nach unterrühren. Rote Bete halbieren und in Scheiben schneiden. Apfel um das Kerngehäuse in Scheiben schneiden und würfeln. Rauke putzen, waschen und trockenschleudern.

Ziegenkäsebrote im heißen Ofen auf der mittleren Schiene 7 bis 10 Min. backen. Rote Bete, Apfel und Rauke mit dem Senfdressing mischen. Mit den gratinierten Ziegenkäsebroten servieren.

Rote Beete Linsen Salat

200 g	Linsen, rote
4	Frühlingszwiebeln
½ Bund	Petersilie
400 g	Rote Bete, gekocht
350 ml	Gemüsebrühe
1 TL	Senf
3 EL	Apfelessig
4 EL	Olivenöl
1 TL	Currypulver
1 TL	Kreuzkümmel
	Pfeffer aus der Mühle

1 EL Öl im Topf erhitzen und die Linsen darin mit Kreuzkümmel und Currypulver etwas andünsten. Mit der Brühe ablöschen und ca. 8 bis 10 Minuten köcheln lassen. Danach in ein Sieb gießen und abtropfen und abkühlen lassen.

Die Rote Beten auch in ein Sieb geben, abtropfen lassen und in kleine Stücke schneiden. Die Frühlingszwiebeln waschen, putzen und in Ringe schneiden. Die Petersilie waschen, Blätter abzupfen und grob hacken.

Ein Dressing aus Senf, Essig und Pfeffer mischen und die 3 EL Öl erst nach und nach zu dem Dressing geben.

Jetzt erst die Linsen mit Rote Beten und Frühlingszwiebeln vermengen. Das Dressing und die Petersilie unterheben und mit Pfeffer abschmecken.

Gurken Melonen Salat

2	Melonen, reife, z.B. Netzmelone
1 große	Salatgurke
3 Stängel	Minze
2 Schuss	Olivenöl
1 Schuss	Weißweinessig
4 EL	Pinienkerne
	Pfeffer

Pinienkerne in einer Pfanne ohne Öl goldgelb anrösten.

Melonen halbieren, Kerne entfernen und das Fruchtfleisch mit einem Kugelausstecher ausstechen. Wer keinen Kugelausstecher besitzt, kann die Melone selbstverständlich auch würfeln.

Die Gurke gründlich waschen, wer die Schale nicht mag auch schälen, und hier ebenfalls mit dem Kugelausstecher Kugeln ausstechen bzw. würfeln.

Minze waschen und in feine Streifen schneiden. Die Frucht- und Gurkenkügelchen mit der Minze vermengen, mit etwas Pfeffer würzen. Essig oder Limettensaft zufügen und zum Schluss das Öl dazu geben. Alles noch einmal gut durchmischen, abschmecken und kühl stellen.

Avocado Hähnchen Salat mit Mango

25 g	Ingwer, frischer
1	Chilischoten, rote
6 EL	Olivenöl
2	Hähnchenbrüste à 150 g
	Pfeffer, frisch gemahlener
½ TL	Paprikapulver, edelsüß
4 Stiele	Thymian
1 EL	Sesam, evtl.
1 kleiner	Radicchio
1 kleine	Mango, reife
1	Avocado, reife
3 EL	Zitronensaft, frisch gepresster
1 EL	Wasser

Ingwer schälen und in Scheiben schneiden. Chilischote einritzen.

2 EL Öl in einer Pfanne erhitzen. Hähnchenbrüste mit Paprikapulver würzen und mit Ingwer, Chili und Thymian in der Pfanne bei mittlerer bis starker Hitze rundherum in ca. 5 Min. hellbraun anbraten. Nach Belieben auch mit Sesam bestreuen und im heißen Ofen bei 180 Grad auf der mittleren Schiene 10 - 15 Min. braten.

Radicchio putzen, waschen und die Blätter grob zupfen. Mango schälen, das Fruchtfleisch vom Stein schneiden und würfeln. Avocado halbieren, den Stein herauslösen und das Fruchtfleisch quer in Scheiben schneiden und mit ½ EL Zitronensaft beträufeln.

Für das Dressing 2 ½ EL Zitronensaft mit 1 EL Wasser, 1 TL Pfeffer verrühren. 4 EL Öl unterrühren. Radicchio, Mango und Avocado auf Tellern anrichten und mit dem Dressing beträufeln. Die Hähnchenbrust in Scheiben schneiden und auf den Salat legen.

Würziger Couscous Salat

250 g	Couscous
250 ml	Gemüsebrühe oder Fond
1 EL	Tomatenmark
2	Paprikaschoten, rot und gelb
1 Dose	Mais
4	Lauchzwiebeln
2 EL	Reisessig
3 EL	Olivenöl oder Sonnenblumenöl
1 EL	Currypaste, rote, vegane
1 EL	Sojasauce
	Pfeffer
	Chilipulver
	Kreuzkümmel
	Petersilie
	Schnittlauch, in feine Ringe

Den Couscous mit dem aufgekochten Fond übergießen und 10 Min. ziehen lassen. Die Flüssigkeitszugabe mit der Anweisung des Herstellers abgleichen.

Je nach Typ und Hersteller kann eine unterschiedliche Menge nötig sein. Ggf. die Flüssigkeitsmenge erhöhen.

In der Zwischenzeit das Gemüse und die Kräuter waschen und klein schnippeln. Tomatenmark, Currypaste, Reisessig, Öl und Sojasauce mit dem Couscous vermengen.

Das Gemüse untermischen und mit Pfeffer, Chilipulver, Kreuzkümmel abschmecken. Etwas Petersilie und Zwiebellauchgrün dazugeben.

Weißwurst Rettich Salat

400 g	Rettich, rot
	Pfeffer, aus der Mühle
300 g	Weißwurst
2 große	Zwiebeln, rot
2	Gewürzgurken
2 EL	Senf, süß
4 EL	Weißweinessig
8 EL	Sonnenblumenöl
1 Bund	Schnittlauch

Den Rettich schälen und in dünne Scheiben hobeln. 15 Min. in einer Schüssel ruhen lassen.

In der Zwischenzeit die Weißwurst 5 - 7 Min. in heißem Wasser gar ziehen lassen. Dann abgießen und leicht abkühlen lassen. Weißwurst pellen und in Scheiben schneiden.

Zwiebeln schälen und in dünne Ringe schneiden. Gewürzgurken abtropfen lassen und ebenfalls in Scheiben schneiden.

Für das Dressing den Senf mit Essig, Öl und Pfeffer gut verrühren. Den Schnittlauch waschen, gut trocken schleudern und in feine Röllchen schneiden. Die Schnittlauchröllchen mit der Vinaigrette vermischen.

Wurst, Rettich, Gurken und Zwiebeln in einer Schüssel mischen und mit dem Dressing begießen. Mit Pfeffer nochmals abschmecken und den Salat ca. 15 min. durchziehen lassen.

Champignon Salat

500 g	Champignons
200 ml	Orangensaft, bio
1 große	Zwiebel
2	Knoblauchzehen
	Öl und Butter
	Pfeffer
500 g	Feldsalat oder 1 - 2 Salatköpfe
1	Orange, bio
200 g	Parmesan, am Stück
	Balsamico
	Olivenöl
	Gewürze nach Geschmack

Den Salat normal putzen und waschen, eine saure Salatsoße Herstellen aus der klein geschnittenen Zwiebel, Balsamico, Olivenöl und Knoblauchzehen. Mit Pfeffer und weiteren Gewürzen nach eigenem Geschmack würzen.

Die Orange sorgfältig schälen. Den Orangensaft einkochen auf ca. 1/3 bis 1/4 seiner Menge.

Die Pilze vierteln, in Butter mit etwas Öl und Pfeffer anbraten, wenn sie fertig sind, mit ca. 2 - 3 Esslöffeln in der Pfanne übergießen und umrühren, die Pilze sollten leicht karamellisieren.

Den Salat in die Salatsoße geben, vermischen, dann die Pilze auf dem Salat verteilen und mit dem eingedickten Orangensaft übergießen.

Dünne Orangenscheiben auflegen. Reichlich Parmesan fein hobeln und auf den Salat geben.

Gerösteter Blumenkohl Salat

1	Blumenkohl
1 EL	Tahin
2 EL	Olivenöl
1 Prise	Pfeffer
1 TL	Kurkuma
1 TL	Paprikapulver
	Ingwerwurzel, 2 cm groß
1 Zehe	Knoblauch
½ TL	Chilipulver
250 g	Kichererbsen
1	Zitrone
2	Frühlingszwiebeln
1 Bund	Schnittlauch, oder Schnittknoblauch
1 Bund	Petersilie
2 EL	Olivenöl
2 TL	Pfeffer

Den Blumenkohl in kleine Rosen brechen, waschen und gut abtropfen lassen.

Aus dem Tahin, Olivenöl und den Gewürzen eine Paste zubereiten. Mit Knoblauch, Ingwer und Chili zusammen über den Blumenkohl geben und verarbeiten.

Für 20 Minuten bei 200 °C in den Backofen geben. Anschließend etwas abkühlen lassen.

Die gekochten Kichererbsen, die frischen Kräuter, die Frühlingszwiebeln und der Zitronensaft dazugeben.

Nicoise Salat

250 g	Tomaten
250 g	Kartoffeln für Salat, gekocht
250 g	Bohnen
150 g	Paprikaschoten, grün
250 g	Salatgurken
1 kl. Dose	Thunfisch
20	Oliven, schwarze
4	Eier, hart gekochte
1 Glas	Sardellenfilet
¾ Tasse	Olivenöl
3 EL	Kräuteressig
1 EL	Sardellenpaste
	Pfeffer

Die geviertelten Tomaten, die in Scheiben geschnittenen Kartoffeln, Bohnen, in kleine Stücke geschnitten Paprikaschoten und in Stücke geschnitten.

Salatgurke abwechselnd mit dem zerbröckelten Thunfisch und den Oliven schichtweise übereinander häufen. Obenauf kommen in Viertel geschnittene Eier und über jedes Viertel ein Sardellenfilet, das 1/4 Stunde gewässert wurde.

Zur Soße werden Olivenöl, Essig, Pfeffer und Sardellenpaste sehr gut, am besten im Mixer, verquirlt.

Langsam die Soße über den vorbereiteten Salat gießen, so dass sie allmählich durch die verschiedenen Schichten läuft und alles überzieht.

Hähnchen Rotkohl Salat

500 g	Rotkohl
3	Frühlingszwiebeln
3	Hähnchenfilets, gegart
40 g	Erdnüsse
1 TL	Limettenschale, fein gerieben
3 EL	Limettensaft
2 EL	Sojasauce
3 EL	Chilisauce, süß-pikant
4 EL	Olivenöl
6 Stiele	Koriandergrün

Den Rotkohl in Viertel schneiden und Strunk entfernen. Die Rotkohlviertel anschließend mit einer Reibe in dünne Streifen hobeln oder schneiden. Die Frühlingszwiebeln in dünne Ringe schneiden.

Den Koriander hacken. Die Hähnchenbrustfilets zerzupfen, sodass kleine Stücke entstehen. Die Erdnüsse kurz grob zerhacken.

Für die Sauce Limettenschale, Limettensaft, Chilisauce und Olivenöl in eine kleine Schüssel geben und mit einem Rührbesen verrühren.

Etwa ein Drittel des Dressings über die Rotkohlstreifen geben und gut durchmischen. Anschließend nach und nach die restliche Soße dazu geben und schließlich Frühlingszwiebeln, Koriander und das Hühnchen Fleisch untermischen.

Zum Anrichten die Erdnüsse darüber streuen.

Kabeljau Orangen Salat

½ kg	Kartoffeln
150 g	Kabeljau
	Margarine
1 große	Orangen
100 ml	Olivenöl
2 Stiele	Frühlingszwiebeln
100 g	Oliven, gemischte
	Pfeffer

Die Kartoffeln schälen, in Würfel schneiden und als Salzkartoffeln kochen. Den Kabeljau in etwas Margarine kurz gar braten. Anschließend alles 2 Stunden abkühlen lassen.

Nach der Abkühlphase die Kartoffeln und den zerpflückten Kabeljau vorsichtig vermischen und Olivenöl, Oliven und in Röllchen geschnittene Frühlingszwiebeln hinzugeben.

Mit Pfeffer abschmecken. Mit Orangenscheiben dekorieren.

Der Salat wird so in Malaga als Sommersalat serviert, dort habe ich auch das Rezept entdeckt.

Wenn ich nicht so viel Zeit habe, verzichte ich auch auf das Abkühlen, dann ist der Salat warm und als Hauptspeise gut geeignet.

Schneller Schopska Salat

3	Tomaten
1	Gurke
4	Paprikaschoten, entkernt, geröstet
1	Zwiebel
150 g	Schafskäse
	Petersilie

Die Tomaten, Gurken, Zwiebeln und Paprika klein schneiden und mit dem Öl, und Essig abschmecken.

Danach mit dem geriebenen oder zerkleinerten Käse und mit der fein gehackten Petersilie bestreuen und anrichten.

Rote Bohnen Schafskäse Salat

2 Dosen	Bohnen, rote
500 g	Schafskäse
4	Zwiebeln
4	Knoblauchzehen
6 EL	Essig
3 TL	Senf, körniger
	Pfeffer
125 ml	Olivenöl
3 EL	Schnittlauch

Bohnen im Sieb abspülen, mit gewürfeltem Schafskäse, gewürfelten Zwiebeln und fein gewürfeltem Knoblauch in eine Schüssel geben.

Für die Sauce Essig, Senf, Pfeffer, Olivenöl und Schnittlauch verrühren und über die Salatzutaten gießen. Gut durchziehen lassen.

Rucola Avocado Salat

125 g	Rucola
1 große	Tomate
1 große	Avocado, reif
1	Lauchzwiebeln
3 EL	Kürbiskerne
1 EL	Balsamico, dunkel
1 EL	Olivenöl
n. B.	Meersalz
n. B.	Pfeffer, frisch gemahlen

Die Kürbiskerne ohne Fett in einer Pfanne anrösten und beiseitestellen. In einer Schüssel das Öl mit dem Essig vermischen und mit Meersalz und Pfeffer würzen.

Frühlingszwiebel in feine Ringe schneiden und in die Essig-Öl-Mischung geben.

Avocado halbieren, den Kern entfernen und das Fruchtfleisch aus der Schale lösen. Die Tomate und das Avocado Fruchtfleisch würfeln und ebenfalls in die Schüssel geben.

Den Rucola verlesen, gründlich waschen und trockenschleudern. Bei großen Blättern ggf. in mundgerechte Stücke schneiden.

Den Rucola hinzugeben und Salat vorsichtig durchmischen damit die Avocado Stücke nicht zerdrückt werden. Den Salat eventuell noch einmal mit Meersalz und Pfeffer abschmecken und mit den Kürbiskernen bestreuen.

Griechischer Salat

1	Eisbergsalat
4 große	Tomaten
200 g	Feta-Käse
2	Zwiebeln
125 g	Oliven
¼ TL	Pfeffer
50 ml	Olivenöl

Eisbergsalat nach Entfernen der äußeren Blätter und Ausschneiden des Strunks mit einem großen Messer erst in dünne Scheiben schneiden, dann mehrmals quer schneiden und in eine große Schüssel geben.

Zwiebeln nach Entfernen der Schale halbieren und diese Hälften quer in Scheiben schneiden und über dem Salat verteilen.

Tomaten waschen, Stiel entfernen, in kleine Stücke schneiden und über den Zwiebeln verteilen. Mit Pfeffer ordentlich würzen. Feta mit Fingern zerbröseln über die Tomaten verteilen.

Oliven über den Schafskäse garnieren. Wenn die Oliven bereits in Öl eingelegt waren, einen Teil von diesem Öl über den Salat gießen, ansonsten einige Esslöffel Olivenöl verwenden.

Den Salat im Kühlschank kalt stellen und dort bis zum Verzehr mindestens 1 Stunde durchziehen zu lassen.

Walnuss Salat mit Parmesan

1	Radicchio (ca. 150g)
1	Birne, reife
10 halbe	Walnüsse
30 g	Parmesan
2 EL	Himbeeressig
3 EL	Walnussöl
1 TL	Senf
etwas	Pfeffer

Radicchio waschen, rüsten, in mundgerechte Stücke zupfen und auf Tellern verteilen. Birnen schälen, vierteln, entkernen, ebenfalls in mundgerechte Stücke schneiden und auf dem Salat verteilen.

Walnusshälften in Stücke brechen und über den Salat streuen. Mit einem Sparschäler o.ä. Späne vom Parmesan abziehen und über dem Salat verteilen.

Alle Zutaten für das Dressing gut verrühren und über den Salat geben.

Linsen Bulgur Salat

250 g	rote Linsen
750 ml	Wasser
150 g	Bulgur
1 Bund	Frühlingszwiebeln
2 große	Paprikaschote, rot oder gelb
2 große	Zwiebeln, rote
4	Tomaten, nur das Fruchtfleisch
1 Bund	Petersilie, glatte
3 Zehen	Knoblauch, (gehackt)
4 EL	Ajvar, (scharf)
3 EL	Tomatenmark
50 ml	Olivenöl
3 EL	Zitronensaft
1 TL, gehäuft	Harissa - Paste

Die Linsen im ungesalzenen Wasser einmal aufkochen lassen und 10 Minuten bei leichter Hitze köcheln. Den Bulgur dazu geben und weitere 5 - 10 Minuten köcheln lassen. Vom Herd nehmen und weiter ziehen lassen.

Frühlingszwiebel putzen und in feine Ringe schneiden, Paprika putzen und würfeln, Zwiebeln abziehen und in feine Würfel schneiden, Petersilie waschen, trocknen und fein hacken, Knoblauch pellen und feinst hacken, Tomaten waschen, Strunk entfernen, halbieren, die Kerne entfernen und das Fruchtfleisch in kleine Würfel schneiden.

Öl mit Ajvar, Tomatenmark, Harissa und den Gewürzen und dem Zitronensaft verrühren. Die Würzmischung unter die noch warme Linsen-Bulgur-Masse geben und etwas ziehen lassen.

Die Kräuter und die Gemüsewürfel in eine Schüssel geben, die Linsen-Bulgur-Mischung dazu geben und gründlich vermengen. Mindestens 1 Stunde ziehen lassen.

Zwiebel Salat

1 kg	Zwiebeln
7 EL	Wasser
7 EL	Öl
7 EL	Essig
250 g	Edamer Käse
3	Äpfel
4	Gewürzgurken
250 g	Fleischwurst

Zwiebeln in feine Ringe schneiden, Wasser, Essig, Öl untermischen, über Nacht zugedeckt ziehen lassen. Am nächsten Tag auf einem Sieb abtropfen lassen.

Fleischwurst, Edamer, Äpfel und Gewürzgurken in kleine Würfel schneiden. Die Zwiebeln zugeben und alles gut untermischen.

Fleisch Fackeln

500 g	Schweineschnitzel
2 EL	Senf, mittelscharf
2 EL	Öl
1 Zehe	Knoblauch, sehr klein gehackt
n. B.	Paprikapulver, edelsüß
n. B.	Chilipulver
	Pfeffer

In einem kleinen Schälchen Senf und Öl so lange verrühren, bis sich eine homogene Marinade bildet. Nun noch den Knoblauch sowie die Gewürze zugeben und unterrühren.

Zuerst die Schnitzel kurz abwaschen, danach - am besten zwischen zwei Frischhaltefolien - plattieren und der Länge nach zu etwa 1 bis 1,5 cm breiten Streifen zerschneiden. Die einzelnen Streifen auf zurecht gelegte Schaschlikspieße fädeln und in einer länglichen Auflaufform oder ähnlichem übereinander schichten.

Die Marinade großzügig darüber verteilen. Dann ca. 3 - 6 Std. an einem kühlen Ort ziehen lassen, zwischendurch hin und wieder umschichten.

Tandoori Fleisch mit Jägersoße

500 g	Fleisch, zart (vom Huhn, Schwein oder Rind)
250 g	Joghurt
200 g	Schmand
1 kl. Dose	Kokosmilch
1	Zwiebel
200 g	Paprikaschoten, gefroren, geschnitten
4 TL	Tandoori Masala
2 Zehen	Knoblauch, gepresst
1 Würfel	Gemüsebrühe
etwas	Zitronensaft

Zwiebel in Streifen schneiden und andünsten. Knoblauch, gefrorene Paprika, 1 Brühwürfel und Tandoori-Gewürz hinzugeben, von der Platte nehmen und abkühlen lassen.

Fleisch in Streifen schneiden und rundum anbraten. Gemüse inkl. Sud mit Schmand, Joghurt und Kokosmilch verrühren.

Das gebratene Fleisch hinzugeben. Mit Zitronensaft und vielleicht einem weiteren Brühwürfel abschmecken. Alles in eine Auflauf-Form geben und über Nacht ziehen lassen, mind. aber 3-4 Stunden.

Danach in den Backofen geben und ca. 30-40 Minuten bei 180°C im Backofen backen lassen. Offene Auflaufformen mit Alufolie abdecken.

Gewürztes Kachel Fleisch

1 kg	Schweinenacken
1	Zwiebeln
1 Stück	Knollensellerie
2	Karotten
½ Stangen	Lauch
1 EL	Tomatenmark
	Pfeffer
evtl.	Kümmelpulver
375 ml	Wasser, oder Fleischbrühe
	Bier, dunkles
	Keimöl
	Schmalz

Das Fleisch mit Pfeffer und evtl. Kümmel einreiben, in heißem Öl-Schmalz-Gemisch gut anbraten, am besten in einem schönen Schmortopf.

Aus der "Kachel" nehmen und in dem Bratfett die zerkleinerten Zwiebeln gut anrösten. Die Zwiebeln sollten braun, aber nicht verbrannt sein. Klein geschnittenes Gemüse zufügen und mit anrösten.

Tomatenmark einrühren, kurz mitrösten, mit Wasser oder Fleischbrühe und evtl. Bier ablöschen, aufkochen lassen, das Fleisch wieder dazugeben und 1 1/4 - 1 1/2 Std. zugedeckt schmoren.

Das Fleisch in Alufolie kurz ruhen lassen, während die Soße fertig gestellt wird. Dazu die Soße abseihen, Gemüse etwas pürieren, bis die Soße die richtige Konsistenz hat, abschmecken mi, Pfeffer und evtl. Kümmel.

Überbackenes Fleisch mit Zwiebeln

800 g	Zwiebeln
1 Schuss	Weinessig
2 Becher	Crème fraîche
8 TL	Senf
1 kg	Schweinelenden
20 Scheiben	Bacon
	Pfeffer
	Margarine

Zwiebeln in Ringe schneiden und ca. 5 Minuten in etwas Margarine fast weich braten. Weinessig dazu geben und rühren bis er verdampft ist.

Die Crème fraîche unterrühren und weitere 5 Minuten köcheln lassen. Den Senf unterrühren und mit Pfeffer abschmecken.

Das Fleisch in dünne Scheiben schneiden, mit Pfeffer würzen und mit dem Bacon umwickeln. Anschließend in einer Pfanne kurz anbraten und dann in eine Auflaufform legen.

Die Zwiebel-Senf-Sauce darauf verteilen. Bei 200 Grad 45 Minuten überbacken.

Bulgarisches grüne Bohnen Fleischgericht

800 g	Bohnen, grüne
500 g	Rindfleisch
500 g	Zwiebeln, geschnitten
½ Liter	Brühe
10	Knoblauchzehen
1 TL	Paprikapulver, süß
½	Paprikaschoten, grüne, in Streifen
½ Dosen	Tomaten, geschälte
viel	Pfeffer, frisch gemahlenen
	Bohnenkraut, nach Geschmack
1 kl. Dose	Tomatenmark

Fleisch sehr heiß anbraten. Geschnittene Zwiebel dazu und glasig dünsten. Bohnen einschichten. Paprikapulver, 1/2 Paprika, Bohnenkraut und Knoblauch dazugeben. Durchrühren und etwas schmoren lassen.

Restliche Zutaten dazu und 1 - 1 1/4 Std. kochen, oder 20 Min. im Schnellkochtopf.

Mit Pfeffer kräftig abschmecken.

Rosenkohl Fleisch Pfanne

1 kg	Rosenkohl
400 ml	Fond
3 EL	Sojasauce
2 EL	Tomatenmark
3 TL	Speisestärke
1	Knoblauchzehe
400 g	Rinderfilets
2 EL	Öl, neutrales
100 g	Sojasprossen
100 g	Bambussprossen
50 g	Cashewnüsse, ungesalzen
	Pfeffer
n. B.	Chili oder Cayennepfeffer
n. B.	Koriandergrün oder Petersilie

Den geputzten Rosenkohl ca. 10 - 15 Minuten in Salzwasser kochen (evtl. etwas davon aufheben) und kalt abschrecken. Oder auch TK-Rosenkohl nehmen.

Fond, Sojasauce, Tomatenmark, Stärke und gepressten Knoblauch verrühren. Das Rindfleisch in Streifen schneiden und kurz im heißen Öl anbraten, herausnehmen.

Den Kohl und die Sprossen andünsten, evtl. noch etwas Öl zugeben. Die Sauce dazugeben und aufkochen lassen. Zum Schluss das Fleisch wieder dazugeben, pfeffern.

Sollte noch Flüssigkeit fehlen, evtl. Rosenkohlwasser dazugeben. Die Kerne in einer Pfanne ohne Öl rösten, bis sie duften und über das Gericht streuen. Kräuter darüber geben.

Nudel Pfanne mit Geschnetzeltem

250 g	Geschnetzeltes vom Schwein
200 g	Nudeln
1 Stange	Lauch
1	Zwiebeln
125 ml	Gemüsebrühe
½ Becher	Sahne
1 EL	Sojasauce
	Pfeffer
	Paprikapulver
	Öl zum Braten
etwas	Butter

Das Fleisch mit etwas Sojasauce beträufeln und mit Pfeffer würzen. Den Lauch in Ringe schneiden und waschen. Die Zwiebel schälen, halbieren und in Streifen schneiden.

Die Nudeln nach Packungsvorgabe bissfest kochen, abgießen und beiseitestellen. Den Lauch ca. 4 Minuten in etwas Salzwasser bissfest kochen und beiseitestellen.

In einer großen Pfanne das Öl erhitzen und das Fleisch rundum kross anbraten, bis es schön Farbe genommen hat. Dann mit der Gemüsebrühe ablöschen und Paprikapulver dazugeben und so lange köcheln lassen, bis die Flüssigkeit fast eingekocht ist. Nebenher die Zwiebelstreifen in einem kleinen Pfännchen in etwas Butter hellbraun dünsten.

Wenn die Gemüsebrühe beim Fleisch fast verkocht ist, die Sahne und die gekochten Nudeln hinzufügen. Den Lauch und die Zwiebeln unterrühren. Noch kurz weiter köcheln lassen, ggfs. noch mal nachwürzen und dann servieren.

Gulasch mit Pastinaken und Kartoffeln

300 g	Gulasch vom Rind
½ kleine	Zwiebeln
400 g	Pastinaken
400 g	Süßkartoffeln
2 m.-große	Karotten
2 kleine	Kartoffeln
½	Frühlingszwiebeln
1	Knoblauchzehen, frisch
1 Stück	Ingwer
1 Liter	Gemüsebrühe
etwas	Sojasauce
1 TL	Senf
	Pfeffer

Das Fleisch in einem Bräter scharf anbraten und wieder herausnehmen, dann Ingwer, Knoblauch und Zwiebeln anschwitzen. Das Fleisch wieder hinzufügen und mit Brühe ablöschen, sodass alles bedeckt ist. Etwa 40 Min. köcheln lassen.

Inzwischen das Gemüse und die Kartoffeln würfeln, die Frühlingszwiebel vierteln. Nach den 40 Min. die Kartoffeln hinzufügen. Nach 5 min. die Pastinake, dann Süßkartoffel und Karotten. Erneut mit Brühe aufgießen, sodass alles bedeckt ist. Ganz zum Schluss noch die Frühlingszwiebel hinzufügen. Weitere 10 – 15 min. köcheln lassen.

Alles mit Sojasoße, Senf, Pfeffer abschmecken. Einen Schuss Sahne hinzugeben und kurz vor dem Servieren die Petersilie hinzufügen.

Eingelegtes Grillfleisch

4 EL, gestr.	Paprikapulver, edelsüß
2 EL, gestr.	Paprikapulver, rosenscharf
2 EL, gestr.	Pfeffer
2	Zwiebeln
1 kg	Nacken Steaks
8 EL	Öl

Die Zwiebeln in Ringe schneiden. Die Gewürze mit dem Öl vermischen.

In eine mittelgroße, eckige Schale eine Lage Zwiebeln geben, darauf mit Marinade gewürztes Fleisch.

So fortfahren, bis Fleisch und Zwiebeln aufgebraucht sind. Zum Schluss nachwürzen und extra viele Zwiebeln obendrauf legen.

Über Nacht ziehen lassen. Fleisch grillen, Zwiebeln in eine Aluschale geben und auch auf den Grill stellen.

Fleisch in Gemüse und Erdnusssoße

1 EL	Öl
1 Zehe	Knoblauch
400 g	Fleisch nach Wahl
2 EL	Erdnussbutter
1 Dose	Kokosmilch (ca. 300 ml)
2 EL	Sojasauce
1 Prise	Pfeffer
n. B.	Brokkoli
n. B.	Blumenkohl
n. B.	Karotte

Das Öl in der Pfanne erhitzen. Die Knoblauchzehe zerquetschen und goldbraun anbraten. Je nach Belieben Brokkoli, Blumenkohl, Karotten, Paprika und Zwiebeln grob schneiden, dazugeben und 2 Minuten anbraten.

Das Fleisch quer zur Faser in dünne Scheiben schneiden, dazugeben und kurz mitbraten. 2 EL Erdnussbutter dazugeben und unmittelbar mit 1 Dose (ca. 300 ml) Kokosmilch ablöschen.

Mit 2 EL heller Sojasauce und Pfeffer abschmecken. Wenn das Ganze zu dickflüssig ist, etwas Wasser dazugeben.

Moussaka

2 EL	Öl
1	Zwiebel, fein gehackt
500 g	Hackfleisch
	Pfeffer
1 kg	Kartoffeln
400 ml	Milch
2	Eier
1 EL	Brühe
	Fett für die Form

Die fein gehackte Zwiebel im heißen Öl anschwitzen. Das Hackfleisch zugeben und krümelig braten. Mit etwas Pfeffer würzen.

Die Kartoffeln in Scheiben schneiden. Eine Auflaufform einfetten.

Das Hackfleisch mit den Kartoffelscheiben abwechselnd in eine Auflaufform schichten. Milch, Eier und Vegeta verquirlen und darüber gießen. Bei 180° C im Backofen etwa 50 - 60 Minuten garen.

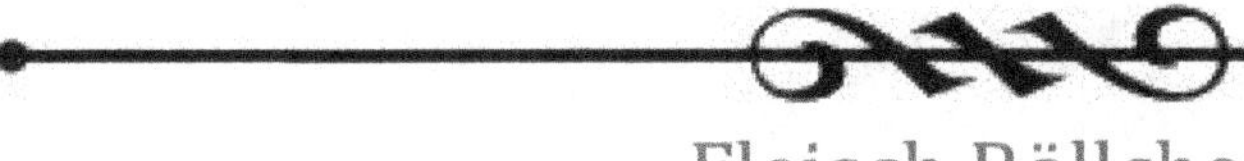

Fleisch Röllchen

350 g	Hackfleisch, gemischt
½	Zwiebeln, würfelig geschnitten
2 Zehen	Knoblauch, gehackt
2 Scheiben	Toastbrot, kleinwürfelig geschnitten
60 ml	Milch
1	Ei
1 EL	Petersilie
1 TL	Majoran
½	Paprikaschoten, rot, sehr klein geschnitten
150 g	Feta-Käse, klein zerdrückt
2 Zehen	Knoblauch, zerdrückt
	Pfeffer
	Öl, oder Butterschmalz

Klein geschnittene Zwiebel und Knoblauch in Öl anschwitzen, vom Herd nehmen und auskühlen lassen.

Toastbrotwürfeln mit Milch übergießen und ziehen lassen. Nach einiger Zeit ausdrücken, mit Fleisch, Ei, Zwiebelmischung, Petersilie und Majoran verkneten und Pfeffer würzen. Masse zugedeckt etwa 15 Minuten kühl rasten lassen.

Paprikastückchen und zerdrückten Feta gut mit der Fleischmasse vermischen und mit dem zerdrückten Knoblauch und wenig Pfeffer würzen.

Aus der Masse daumendicke Rollen formen, mit befeuchteten Händen glätten, in Mehl wenden und in Pfanne mit heißem Öl rundum braten.

Fleisch Röllchen mediterran

125 g	Mozzarella, klein gewürfelt
50 g	Schinken, roher, klein geschnitten
6	Tomaten, getrocknete, klein geschnitten
3 Blätter	Chinakohl
2 EL	Olivenöl
1 EL	Balsamico
	Kräuter nach Wahl
3	Wraps

Mozzarella, Rohschinken, getrocknete Tomaten, Olivenöl, und Essig vermischen, mit Kräuter würzen.

Fladen halbieren, mit je einem Blatt Salat belegen, Masse darauf verteilen und zusammenrollen.

Nun mit einem Zahnstocher fixieren und in etwas Öl von allen Seiten bei mittlerer Hitze anbraten

Pichelsteiner Fleisch

80 g	Rinder Mark
500 g	Rindfleisch, in kleine Würfel geschnitten
1	Zwiebel, grob zerkleinert
etwas	Paprikapulver
½ Knollen	Sellerie, klein geschnitten
250 g	Möhren, klein geschnitten
1	Petersilienwurzeln, klein geschnitten
1.000 g	Kartoffeln, klein geschnitten
250 ml	Wasser

Das Mark auslassen, oder die Butter erhitzen, das Fleisch darin unter Wenden schwach bräunen. Kurz bevor das Fleisch genügend gebräunt ist, die Zwiebel kurz mit erhitzen.

Anschließend das Fleisch mit Paprika würzen. Dann das Gemüse und danach die Kartoffeln hinzugeben und das Wasser darüber gießen.

Ohne die Zutaten umzurühren den Topf mit einem Deckel verschließen und die Kochplatte auf Stufe 3 geschaltet lassen, bis Dampf entweicht.

Die Kochplatte dann auf Stufe 1 und etwa 10 Min. vor Beendigung der Kochzeit auf Stufe 0 schalten, sonst reicht die Wassermenge nicht aus. Den Deckel nicht heben und die Zutaten nicht umrühren, da dann die Hitze nicht ausreicht. Wenn das Gericht gar ist, es abschmecken.

Gekochte Frikadellen mit Petersilie

500 g	Suppenfleisch, (gekocht)
250 g	Dörrfleisch, oder Bauchspeck
1	Brötchen,
2	Eier
1 große	Zwiebel
1 Bund	Petersilie
	Pfeffer
	Cayennepfeffer
evtl.	Paniermehl

Fleisch, Dörrfleisch und Zwiebel grob klein schneiden. Brötchen in Brühe einweichen.

Dann Fleisch, Dörrfleisch, Zwiebel, Petersilie und das ausgedrückte Brötchen durch den Fleischwolf drehen. Die einzelnen Zutaten immer abwechseln damit eine recht gleichmäßige Mischung entsteht.

Mit Pfeffer würzen und die 2 Eier untermischen. Wenn die Masse zu feucht ist, noch etwas Paniermehl dazu geben. Frikadellen formen und Braten.

Polnische Klöße

1 kg	Kartoffeln, gekocht
150 g	Champignons
150 g	Sauerkraut
300 g	Hackfleisch
2	Zwiebeln
1	Ei
5 EL	Mehl
4 EL	Kartoffelmehl
etwas	Öl
etwas	Pfeffer
etwas	Maggi
200 ml	Wasser

Die Kartoffeln durch eine Kartoffelpresse in eine große Schüssel pressen. Das Ei und beide Mehlsorten dazugeben. Alles gründlich miteinander verkneten. Die Zwiebel und die Champignons in feine Würfel schneiden. Beides mit dem Hackfleisch in einer Pfanne anbraten. Dann das Sauerkraut abgießen und mit in die Pfanne geben, mit Pfeffer und Maggi würzen und gut vermischen.

Die Hände leicht mit Wasser befeuchten, eine Handvoll von der Kartoffelmasse abnehmen, einen Kloß formen und den dann auf einer gestreckten Handfläche ca. handgroß platt drücken.

Die Hand zu einer Mulde formen und ca. 2 TL von der Fleisch-Pilz-Sauerkraut-Mischung in die Kartoffelmulde geben. Die Enden der "Kartoffelmulde" immer parallel zueinander zusammendrücken und vorsichtig zu einem Kloß formen.

Die fertigen Klöße auf eine bemehlte Fläche legen und erneut Klöße formen, bis alle Zutaten aufgebraucht sind. Wenn alle Klöße geformt sind, Wasser in einem großen Topf zum Kochen bringen und die Klöße mit einem Schaumlöffel in das kochende Wasser legen. 5 - 6 Minuten kochen. Mit dem Schaumlöffel rausholen.

Kroketten

500 g	Hackfleisch
250 g	Kartoffelpüree
1 m.-große	Zwiebel
2 m.-große	Eier
1 TL	Senf
1 TL	Paprikapulver
1 Zehe	Knoblauch
n. B.	Öl, neutrales, zum Frittieren
n. B.	Semmelbrösel

Das Kartoffelpüree muss kalt sein, daher eignen sich ganz gut die Reste vom Vortag. Zwiebel, Knoblauch, Eier, Senf und Gewürze in einem Mixer ganz fein zerkleinern. Alles mit dem Hackfleisch und dem Kartoffelpüree gut mischen, mit den Händen durchkneten.

Die Hände befeuchten und kleine Würstchen aus dem Hackfleisch formen, dabei ca. 1 gehäuften EL Hackfleisch in die Handfläche nehmen und in Form bringen. Danach die Hackwürstchen in den Semmelbröseln wenden.

Diese entweder direkt in der Fritteuse oder in einer Pfanne mit reichlich Öl ausbacken, bis sie goldbraun sind.

Fleischsauerkraut mit Paprika

800 g	Gulasch, halb Schwein, halb Rind
1	Gemüsezwiebel
500 g	Sauerkraut
2	Paprikaschoten, rot und gelb
250 ml	Gemüsebrühe
1 Becher	Sahne
2 TL	Tomatenmark
	Paprikapulver, edelsüß und rosenscharf
	Kümmelpulver
	Pfeffer
	Oregano

Fleisch abspülen, trocken tupfen und die Stücke ggf. etwas kleiner schneiden (mundgerecht). Gemüsezwiebel abziehen und in kleine Würfel schneiden.

Paprikaschoten halbieren, entkernen, die weißen Trennwände entfernen und die Paprikahälften in Würfel schneiden. Sauerkraut in einem Sieb abspülen.

Backofen auf 190° vorheizen. Alle vorbereiteten Zutaten mit Paprikapulver, Kümmel, Pfeffer und Oregano mischen und in einen Bratentopf geben. Gemüsebrühe und Sahne aufkochen, Tomatenmark zugeben und unterrühren, pfeffern und über das Gulasch gießen.

Gulasch im vorgeheizten Backofen zugedeckt 2 Stunden schmoren lassen. Ab und zu umrühren und die letzten 30 Minuten offen schmoren lassen. Gulasch auf Teller verteilen.

Schnelles Fleisch Toast

3	Zwiebeln, in Ringe geschnitten
4 EL	Öl
100 ml	Brühe
400 g	Steaks aus der Hüfte
8 Scheiben	Toastbrot
	Tomatenketchup

Zwiebeln in 1 Esslöffel Öl andünsten und mit der Brühe zugedeckt weich werden lassen.

Das in feine Streifen geschnittene Fleisch in 3 Esslöffel Öl unter häufigen Wenden weich braten und würzen. Zwiebeln und Ketchup mit dem Fleisch vermengen.

Dann die Fleischmischung auf das getoastete Brot verteilen.

Fleisch Blumenkohlauflauf

500 g	Hackfleisch
1	Ei
1	Brötchen
1	Zwiebel
1	Blumenkohl
1 EL	Mehl
¼ Liter	Milch
¼ Liter	Brühe, vom Blumenkohl
50 g	Emmentaler Käse, gerieben
800 g	Kartoffeln
	Pfeffer
	Paprikapulver
	Petersilie
1 EL	Margarine

Blumenkohl in Salzwasser 10 - 20 Minuten nicht zu weich kochen. Hackfleisch mit Ei, eingeweichtem und ausgedrücktem Brötchen, fein geschnittener Zwiebel, gehackter Petersilie und Gewürzen mischen.

Mit Margarine und Mehl eine Mehlschwitze bereiten, mit Milch und Blumenkohlkochwasser auffüllen, gut verrühren, die Hälfte des Reibkäses unterrühren.

Eine Auflaufform ausfetten, das Hackfleisch am Bodenrand verteilen, den Blumenkohl darauf geben und die Soße darüber gießen, restlichen Käse darüber streuen. Im Backofen bei 200°C ca. 45 Min überbacken, bis die Oberfläche goldbraun ist.

Sushi Reis

450 g	Rundkornreis (Nishiki)
600 ml	Wasser
100 ml	Reisessig
4 Tropfen	Sojasauce

Reis in einem Sieb gründlich waschen, bis das Wasser klar bleibt, anschließend gut abtropfen lassen. Den Reis mit der angegebenen Menge Wasser in den Topf geben und ca. 20 Min. ruhen lassen.

Dann den Topf mit einem gut sitzenden Deckel schließen und den Inhalt langsam erwärmen. Die Hitze dann auf die größte Stufe stellen und zum Kochen bringen.

Nun wieder auf die kleinste Stufe stellen und den Reis ca. 10 Minuten ausquellen lassen.

Den Topf vom Herd nehmen, ein gefaltetes Küchentuch unter den Deckel legen und den Reis noch 10 Min. nachquellen lassen. Die Würzzutaten in einem Topf mischen und erwärmen.

Anschließend die Würzmischung über den Reis geben und miteinander vermengen.

Den Reis gut auskühlen lassen. Anschließend kann der Reis zu Sushi weiterverarbeitet werden.

Hähnchen Ananas Curry mit Reis

250 g	Hähnchenbrustfilet
1 Dose	Ananasstücke
½ Becher	Sahne
100 g	Sahne-Schmelzkäse
2	Frühlingszwiebeln, in feine Ringe
2	Knoblauchzehen, durchgepresst
3 TL	Currypulver
1 TL	Hühnerbrühe, instant
2 Beutel	Reis
etwas	Öl

Den Reis nach Packungsanleitung kochen. Das Fleisch häuten, waschen und in spielwürfelgroße Stückchen schneiden.

Mit etwas Öl in der Pfanne anbraten. Wenn es leicht Farbe bekommt. Frühlingszwiebeln und Knoblauch dazu, kurz mit anschwitzen. Die Ananas abtropfen lassen und den Saft auffangen, dann die Ananasstücke mit in die Pfanne geben und auch kurz mit anschwitzen.

Den Curry dazu geben und kurz alles durchrösten.

Mit Sahne ablöschen. Den Schmelzkäse in Stückchen dazu geben und schmelzen lassen. Alles aufkochen lassen, mit Pfeffer, Curry, Instantbrühe, etwas gemahlenem Chili und dem Ananassaft abschmecken und dann auf dem Reis servieren.

Traditionelles Djuvec Reis

½	Zwiebel
1 Zehe	Knoblauch
2 EL	Butter
1 ½ Tasse	Langkornreis
1 Dose	Tomaten, stückige
2 EL	Hühnerbrühe, instant
2 Prisen	Pfeffer
1 TL	Paprikapulver, edelsüß
1 ½ Tasse	Erbsen
3 EL	Ajvar
½	Paprikaschoten, rot
2 Tassen	Wasser
1 EL	Petersilie, TK

Zwiebel klein schneiden, Knoblauchzehe pressen und beides in Butter andünsten. Reis, Tomatenstücke, Brühepulver, Ajvar und Wasser hinzufügen und mit den Gewürzen kräftig abschmecken.

Erbsen und gewürfelte Paprikaschote hinzugeben und alles ca. 20 Min. köcheln lassen. Vor dem Servieren die Petersilie untermischen.

Reis Gemüse Auflauf

300 g	Möhren
2 EL	Öl
250 g	Langkornreis
2 EL	Currypulver
500 ml	Gemüsebrühe
40 g	Butter oder Margarine
300 g	Erbsen, TK
	Pfeffer
2 große	Eier
200 g	Schlagsahne
	Muskat, frisch gerieben
125 g	Gouda, gerieben

Die Möhren schälen und in Würfel schneiden.

Öl in einem Topf erhitzen und den Reis darin unter Rühren glasig anschwitzen. Das Currypulver darüber streuen und kurz mit anschwitzen.

Mit Gemüsebrühe ablöschen, zum Kochen bringen und etwa 10 Minuten auf kleiner Hitze mit geschlossenem Deckel garen.

In der Zwischenzeit die Butter zerlassen und die Möhrenwürfel darin anbraten. Erbsen dazugeben und das Gemüse mit Pfeffer und würzen. Den Reis mit dem Gemüse vermischen und in eine Auflaufform geben.

Die Eier mit Sahne verquirlen, mit Pfeffer und Muskat würzen und den geriebenen Käse unterrühren. Gleichmäßig über die Zutaten in der Form gießen.

Im vorgeheizten Backofen bei 180 °C Umluft ca. 25 Minuten backen.

Basmatireis mit Safran und Kartoffeln

4 Tassen	Basmatireis
1 TL	Safran
2	Kartoffeln
6 EL	Sonnenblumenöl

Zuerst kocht man den Reis in reichlich Wasser halb gar. Währenddessen schneidet man die Kartoffeln in ca. 3 mm breite Scheiben.

Nun löst man den Safran in ein wenig kochendem Wasser auf, vermischt ihn mit 4 EL Öl und gibt das in einen heißen, mittelgroßen Kochtopf.

Darauf verteilt man über den ganzen Boden die Kartoffelscheiben, diese werden nun, während der Reis köchelt bereits etwas kross.

Wenn der Reis halb gar ist, gibt man ihn in den Topf auf die Kartoffeln. Nun noch 2 EL Öl oben drüber geben. Dann dämpft der Reis ca. 45 Minuten und obendrein bildet sich unten eine Kruste.

Zum Schluss ein sauberes Geschirrhandtuch um den Deckel wickeln, sodass der Topf gut verschlossen ist, es nimmt den überflüssigen Wasserdampf auf.

Wenn der Reis fertig ist, den Topf in kaltes Wasser stellen, so löst sich das Gericht besser vom Topfboden. Nun einfach auf eine Platte stürzen und verspeisen.

Zucchini Reis Pfanne

100 g	Naturreis
1 große	Zucchini
1	Knoblauchzehe
1	Zwiebel
2 TL	Öl
1 Pck.	Tomaten, passierte
1 TL	Kräuter der Provence, getrocknet
1 TL	Pizzagewürz
	Pfeffer
evtl.	Gemüsebrühe, instant
50 g	Frischkäse, fettreduzierter

Den Reis nach Packungsanweisung garen.

Den Knoblauch und die Zwiebel fein würfeln und im heißen Öl glasig anschwitzen. Die Zucchini putzen, waschen und klein schneiden und ca. 5 Min. mitbraten.

Die passierten Tomaten, die Gewürze und ggf. etwas Instant-Gemüsebrühe zufügen und alles ca. 10 Min. köcheln lassen.

Zum Schluss den Frischkäse und den gegarten Reis zufügen, unterrühren und ggf. noch einmal nachwürzen.

Reis mit Tomate und Thunfisch

2 Tassen	Reis
4 Tassen	Wasser
1 Dose	Thunfisch
4 große	Tomaten
2 Zehen	Knoblauch
etwas	Safran
	Pfeffer
5 EL	Olivenöl, natives

Die Tomaten überbrühen und häuten. Den Knoblauch fein hacken und in einem Topf im Olivenöl anbraten.

Die Tomaten in Würfel schneiden und zu dem Knoblauch geben und ebenfalls anbraten. Nun die Dose Thunfisch dazugeben.

Anschließend Wasser, Pfeffer und Safran dazugeben. Alles ca. 10 Minuten köcheln.

Währenddessen den Ofen auf 200 Grad vorheizen. Nun den Reis in eine feuerfeste Form geben. Darüber den gesamten Tomaten-Thunfisch-Sud geben.

Kurz umrühren dann in den Ofen. Bei 200 Grad ca. 20 Minuten backen.

Reisgericht nach türkischer Art

2 Becher	Reis
2 EL	Margarine
2 EL	Reisnudeln
5 EL	Pflanzenöl

Zunächst muss der Reis sorgfältig gewaschen werden. Dazu den Reis in eine Schüssel/Messbecher geben und mit kochendem Wasser auffüllen. Nun den Reis min.45 Minuten im Wasser lassen, anschließend den Reis in ein Sieb geben und unter laufendem Wasser nochmals waschen, bis das Wasser klar ist.

Margarine in einer tiefen Pfanne erhitzen und die Reisnudeln darin anbraten, bis sie braun sind.

Nun den Reis und das Öl dazugeben und den Reis unter ständigem Rühren ebenfalls leicht anbraten, bis er leicht glasig wird.

2 Becher kochendes Wasser dazu geben, und die Pfanne mit einem Deckel abdecken.

Sobald das Wasser kocht, Temperatur runter drehen und den Reis bei niedriger Temperatur ca. 15 Minuten köcheln lassen.

Pfanne von der Kochstelle nehmen, Reis mit einem Geschirrtuch/Küchentuch abdecken, Deckel drauf und einige Minuten ziehen lassen.

Hähnchen Teriyaki auf Reis

125 ml	Sojasauce
60 ml	Balsamico
1 kleine	Zwiebel
2 Zehen	Knoblauch
1 TL	Ingwerpulver
½ TL	Pfeffer
4	Hähnchenbrustfilets
3 TL	Speisestärke
	Reis

Sojasauce, Balsamicoessig, Zwiebel in Streifen, gehackter Knoblauch, Ingwer und Pfeffer in einer Schüssel mischen und beiseite stellen.

Die Hähnchenbrustfilets waschen, trocken tupfen und in eine gefettete Auflaufform legen. Mit der Sauce übergießen und bei geschlossenem Deckel für ca. 1,5 Stunden bei 180 °C in den Ofen stellen.

Den Reis in der Zwischenzeit nach Packungsanleitung kochen.

Die Hähnchenbrustfilets aus der Auflaufform nehmen und mit Hilfe von zwei Gabeln zerrupfen. Die Sauce in einen Topf geben und leicht aufkochen.

Die Speisestärke in 60 ml Wasser lösen, hinzu geben und kochen, bis eine sämige Sauce entsteht. Das Hähnchen wieder in die Sauce geben und gut verrühren.

Gyros Reis Pfanne

750 g	Geschnetzeltes, nach Gyros-Art
1 große	Gemüsezwiebel
4	Paprikaschoten, rot, grün, gelb und orange
2 Beutel	Reis
150 g	Schmand
	Öl zum Braten
	Pfeffer
	Knoblauchpulver
n. B.	Petersilie, frische, gehackt

Die Paprikaschoten waschen, putzen und in mundgerechte Stücke schneiden. Die Zwiebel schälen und in halbe Ringe schneiden. In der Zwischenzeit den Reis kochen und abtropfen lassen.

In einer großen Pfanne Öl erhitzen und das Fleisch darin braten, bis es gar ist. Dann herausnehmen und beiseitestellen.

Nochmals etwas Öl in die Pfanne geben und darin Zwiebeln und Paprikaschoten ca. 10 Min. braten. Mit Pfeffer und Knoblauchpulver kräftig würzen. Den gekochten Reis untermischen. Das Fleisch wieder zufügen und alles erhitzen.

Zum Schluss den Schmand untermischen und das Gericht mit Petersilie bestreut servieren.

Reis Lachs Pfanne

1	Zwiebeln
1 Zehe	Knoblauch
500 g	Möhren
500 g	Brokkoli
2 EL	Öl
300 g	Reis
1 Pkt.	Safranfäden
2	Lorbeerblätter
800 ml	Gemüsebrühe
400 g	Lachsfilets
	Pfeffer
	Zitrone, in Spalten zum Garnieren
	Cayennepfeffer
	Petersilie

Zwiebel und Knoblauch abschälen und fein würfeln. Möhren in ca. 5 mm dicke, schräge Scheiben schneiden. Brokkoli putzen und in Röschen teilen.

Zwiebel und Knoblauch in 1 El Öl in einer Pfanne anbraten. Reis kurz mit anschwitzen, Möhren, Safran und Lorbeerblätter zufügen.

Mit Gemüsebrühe ablöschen und mit Cayennepfeffer würzen. Ca. 20 Minuten köcheln.

Inzwischen Lachs waschen, trocken tupfen und in mittelgroße Würfel schneiden. Mit Pfeffer würzen. Restliches Öl in einer Pfanne erhitzen und den Lachs darin rundherum braten. Herausnehmen und warm stellen.

Brokkoli in kochendem Salzwasser zugedeckt ca. 8 Minuten garen. Abgießen und mit dem Lachs dann unter den Reis heben. Kurz durchziehen lassen.

Gebratener Reis nach Malaysia Art

1 Tasse	Reis
150 g	Hähnchenbrust
½	Paprikaschoten, rot
½	Paprikaschoten, grün
2 große	Zwiebeln
1 EL	Rosinen
2 EL	Cashewnüsse
1 TL	Curry
1 Prise	Zimt
	Pfeffer
etwas	Öl
evtl.	Chili oder Sambal Oelek

Zuerst den Reis in Wasser gar kochen.

Die Zwiebeln schälen und klein hacken. Die Paprikaschoten klein stifteln, die Cashewkerne halbieren. Die Hähnchenbrust klein schneiden.

Anschließend die Hähnchenbrust mit Pfeffer in einer Pfanne scharf anbraten. Das Fleisch aus der Pfanne nehmen und beiseitestellen.

Nun der Reihe nach Zwiebeln, Paprika und zum Schluss Rosinen und Cashewkerne anrösten.

Als Erstes den vorgekochten Reis gut anbraten und dann alle Zutaten, wie aufgeführt, nach und nach zugeben und gut durchbraten.

Geschmorte Paprika gefüllt mit Feta Reis

6 große	Paprikaschoten
1	Zwiebel
2	Knoblauchzehen
2 EL	Olivenöl
200 g	Blattspinat
2 TL	Brühe Pulver
300 g	Reis, gekochten
200 g	Feta-Käse
2 EL	Schmand
½	Zitronen
50 g	Mandelstifte
200 ml	Gemüsebrühe
1 Becher	Sahne
1 Bund	Petersilie
100 g	Emmentaler, gerieben
	Pfeffer

Die Zwiebel und den Knoblauch fein hacken und in dem Olivenöl anbraten. Den Blattspinat hinzufügen und anschwitzen. Mit Pfeffer und dem Brühe Pulver abschmecken.

Den zerkrümelten Feta, den Reis, die Mandelstifte sowie den Schmand unterrühren. Mit dem Saft der Zitrone würzen und nochmals abschmecken.

Den Deckel der Paprika abschneiden und die Paprika aushöhlen. Dann mit der Reis-Spinat-Mischung füllen und in eine gefettete Auflaufform geben.

Die Brühe mit der Sahne zusammen aufkochen und die kleingehackte Petersilie hinzufügen. In die Auflaufform geben. Im 180 Grad vorgeheizten Ofen 30 Minuten backen.

Dann den geriebenen Emmentaler auf die Paprika streuen und nochmals für 15 Minuten überbacken.

Reisbratlinge mit Möhren

100 g	Reis, gekocht
100 g	Möhrenraspel
1 kleine	Zwiebel, gehackt
1 Zehe	Knoblauch, durchgepresst
1	Ei
1 TL	Kräutersenf
1 TL	Tomatenmark
n. B.	Pfeffer
	Vegeta
	Semmelbrösel zum Binden
	Öl

Vorerst Möhren raspeln. Alle Zutaten miteinander vermengen.

Anschließend gut würzen und dann zu Frikadellen formen.

In Öl braten, so lange, bis die Bratlinge eine goldbraune Farbe erhalten.

Zu diesem Gericht passt hervorragend ein Kräuter Dip.

Orientalischer Reis

1	Zwiebel
1 EL	Butter, oder Öl
300 g	Möhren
2 Tassen	Reis
n. B.	Zimt
	Nelke
	Macis
	Piment
	Kardamom
	Kreuzkümmel
2 Tassen	Brühe
2 Tassen	Orangensaft
3 EL	Rosinen
3 EL	Cashewnüsse

Die Zwiebel putzen, würfeln und im Fett anschwitzen.

Die Möhren putzen, raspeln, und kurz mitdünsten.

Den Reis untermischen, würzen und kurz mitschwitzen. Dann alles mit Brühe und Saft ablöschen, sanft köcheln.

Nach etwa 10 min Rosinen und Kerne zugeben. Den Reis abgedeckt fertig ausquellen lassen, bei Bedarf noch etwas Flüssigkeit zugeben, so dass aber am Ende alles aufgesogen ist, wenn der Reis gar ist.

Man kann die Kerne auch anrösten und erst am Ende darüber streuen.

Mandarinen Reis mit Geschnetzeltem

4	Schweineschnitzel á ca. 125 g
1 EL	Öl
200 g	Langkornreis
1 Dose	Mandarinen
1	Zwiebel
2 ½ TL	Curry
2 EL	Mehl
375 ml	Gemüsebrühe
100 g	Schlagsahne
200 g	Erbsen, tiefgekühlt
1	Banane
5 EL	Erdnüsse, geröstet
	Pfeffer, schwarz

Reis in kochendem Wasser ca. 20 Minuten zugedeckt quellen lassen. Fleisch abtropfen, in dünne Streifen schneiden. In heißem Öl 2-3 Minuten braten. Fleisch würzen, herausnehmen.

Mandarinen abtropfen, Saft auffangen. Zwiebel schälen, hacken. Zwiebel im Bratfett andünsten. Mit Curry und Mehl bestäuben, unter Rühren anschwitzen.

Mit Brühe, 5 EL Mandarinensaft und Sahne ablöschen. Erbsen zufügen, alles 5 Minuten köcheln. Banane schälen, klein schneiden. Mit Mandarinen und Fleisch in der Sauce erhitzen.

Erdnüsse unter den Reis geben. Das Geschnetzelte mit Pfeffer und Curry abschmecken und mit dem Erdnuss-Reis anrichten.

Reis Zucchini Puffer

1 Tasse	Reis
200 g	Zucchini
1	Zwiebel
20 g	Mehl
¼ TL	Backpulver
30 g	Parmesan Käse
2 EL	Paniermehl
1	Ei
	Thymian, frischer
2 EL	Olivenöl

Reis garen, Zucchinis waschen, trocknen, Stielansatz entfernen und in feine Streifen raspeln.

Zwiebeln fein würfeln und zufügen. Beides in ein Stofftuch geben und gut ausdrücken.

Mehl mit Backpulver vermischen und zu den Zucchinis geben. Gekochter Reis, Parmesan, Paniermehl und Ei zufügen.

Thymian fein hacken, darüber streuen und mit frisch gemahlenem Pfeffer würzen. Alles gut miteinander verkneten. Wenn die Masse zu flüssig ist, kann man noch Mehl oder Paniermehl zugeben.

In einer beschichteten Pfanne pro Portion 2 EL Olivenöl erhitzen und kleine Zucchinipuffer backen. Die Zucchinipuffer wenden, sobald er Rand bräunlich wird. Auf mittlerer Temperatur fertig braten.

Indisches Pilaw Reis

2 Tassen	Basmati
1 Stange	Zimt
4	Nelken
5	Kardamomkapseln
2	Sternanis
2	Lorbeerblätter
1 EL	Ghee
2 EL	Cashewnüsse
2 EL	Rosinen
3	Zwiebeln, gewürfelt
5	Knoblauchzehen, geschält

Cashewkerne und Rosinen im heißen Ghee anbraten.

Alle Gewürze hinzugeben und leicht anrösten.

Die Zwiebelwürfel und die Knoblauchzehen dazugeben und glasig anbraten. 3 Tassen Wasser dazu gießen, den Reis hineingeben.

Zum Kochen bringen und auf sehr kleiner Flamme den Reis ausquellen lassen.

Gefüllte Champignons auf Reis

400 g	Champignons, große
½	Paprikaschote
100 g	Frischkäse
100 g	Feta-Käse
n. B.	Kräuter nach Wahl
1 Becher	Basmati
2 Becher	Gemüsebrühe

Die Champignons putzen und die Stiele entfernen.

Die Paprikaschote und den Feta in winzige Würfel schneiden und mit dem Frischkäse zu einer Creme verarbeiten. Nach Belieben Kräuter hinzufügen und gut untermischen.

Die Champignons mit der Creme füllen und nebeneinander in eine Auflaufform legen. Im heißen Backofen bei 200 °C Ober-/Unterhitze ca. 20 Minuten backen.

In dieser Zeit den Basmati-Reis in der Gemüsebrühe kochen. Zusammen servieren.

Reis mit Blattspinat

1 Pkt.	Blattspinat, gefroren
1	Zwiebel
1 Zehe	Knoblauch
1 Becher	Crème fraîche
200 g	Schafskäse
	Pinienkerne
150 g	Reis

Blattspinat auftauen. Zwiebel würfeln und in Pfanne dünsten. Knoblauch dazu pressen und Blattspinat hinzufügen. Inzwischen Reis kochen.

Danach den Reis zu dem Blattspinat in die Pfanne und ca. 10 Min. ziehen lassen.

Creme fraiche drunter heben. Alles in eine Auflaufform und 200g Schafskäse gewürfelt darüber streuen.. Bei 200° 35 Min. backen.

Mit gerösteten Pinienkernen servieren.

Veggi Frikadellen

150 g	Reis
2	Eier
2	Möhren
2 große	Zwiebeln
	Semmelbrösel
	Pfeffer
3 EL	Kräuter, gemischte, TK
150 g	Emmentaler
1 Liter	Gemüsebrühe
	Butterschmalz

Die Brühe aufkochen lassen, den Reis hineingeben und 15 min kochen. Er sollte dann noch etwas al dente sein. Den Reis abgießen und abkühlen lassen.

Den Käse raspeln. Die Möhren putzen und raspeln. Ob man Käse und Möhren fein oder grob raspelt, bleibt dem eigenen Gusto überlassen. Die Zwiebeln fein würfeln.

Reis, Käse, Möhren, Zwiebeln und Eier miteinander verrühren. Pfeffer und Kräuter einrühren.

Nun Semmelbrösel einrühren, bis die Masse etwas Konsistenz hat. Dann ca. 15 min quellen lassen. Prüfen, ob die Masse unter Druck in den Händen zu einer Frikadelle geformt werden kann. Wenn ja, anschließend noch leicht in Semmelbröseln wälzen.

In reichlich Butterschmalz bei geringer Hitze vorsichtig von beiden Seiten goldbraun braten.

Nach dem Braten das Fett abtropfen lassen.

Chili con Carne vegetarisch

500 g	Fleischersatz, vegetarisches Hack
1 kl. Dose	Kidneybohnen
1 kl. Dose	Tomaten, geschälte
1 kl. Dose	Mais
3	Paprikaschoten
2	Zwiebeln
1 EL	Tomatenmark
⅛ Liter	Gemüsebrühe
n. B.	Chilipulver
	Paprikapulver
	Pfeffer
	Knoblauch
	Öl, zum Anbraten

Das vegetarische Hack in einer Pfanne mit heißem Öl anbraten. Mit Pfeffer und Paprikagewürz würzen.

Zwiebeln in Ringe schneiden, Paprika stückeln und alles in der Pfanne mit anbraten. Nach Belieben mit Knoblauch und Chili würzen. Tomaten, Tomatenmark und Gemüsebrühe hinzugeben, bei kleiner Hitze ca. 20 Min garen.

Bohnen mit Wasser abspülen, mit dem Mais in die Pfanne geben, alles noch etwas weiter köcheln lassen.

Mit Pfeffer, Paprika und Chili kräftig abschmecken.

Low Carb Flammenkuchen

250 g	Blumenkohlröschen
2 große	Eier
200 g	Käse, gerieben
1 Becher	Crème fraîche
1 große	Zwiebel
1 kleine	Paprikaschote
	Pfeffer

Für den Boden den rohen Blumenkohl fein raspeln. Anschließend die Eier und 150 g des geriebenen Käses hinzugeben. Die Zutaten vermengen, so dass eine leicht krümelige Masse entsteht.

Ein Blech mit Backpapier belegen und mithilfe eines Springformrandes den Teig in eine Runde Form bringen.

Dies gelingt ganz leicht mit den Händen. Hierbei darauf achten, dass keine Löcher im Teigboden entstehen. Den so vorbereiteten Teig im Backofen (Umluft: 180 °C, Ober-/Unterhitze: 160 °C) 25 Minuten backen.

Für den Belag in der Zwischenzeit die Crème fraîche mit dem restlichen Käse vermengen und pfeffern, die Zwiebel in dünne Ringe und die Paprika in feine Streifen schneiden.

Nun den vorgebackenen Boden mit der Crème-fraîche-Masse bestreichen, mit Zwiebeln und Paprika belegen und weitere 15 Minuten im Ofen backen.

Paprika Zwiebel Quiche

200 g	Mehl
100 g	Butter
1	Ei
1 Schuss	Mineralwasser
3	Paprikaschoten, rot
3 kleine	Zwiebeln
120 g	Ajvar, scharf oder mild
100 g	Crème fraîche
2	Eier
1 EL	Tomatenmark
200 g	Käse, gerieben
	Pfeffer

Aus dem Mehl, der Butter, einem Ei, Mineralwasser einen Mürbeteig kneten. Danach den Teig in Klarsichtfolie einrollen und im Kühlschrank ca. 1 Stunde ziehen lassen.

Jetzt die roten Paprikaschoten entkernen und fein würfeln. Zwiebeln ebenfalls schälen und fein würfeln. Das Gemüse in einer Pfanne bei geschlossenem Deckel so lange anschwitzen, bis es glasig ist. Das dauert ca. 20 Minuten, danach den Herd abschalten und etwas abkühlen lassen.

Anschließend den Mürbeteig aus dem Kühlschrank holen, ausrollen und eine gefettete 26-er Springform damit auskleiden. Den Boden mit einer Gabel mehrfach einstechen.

Paprika, Zwiebel, 2 Eier, Käse, Ajvar, Tomatenmark und Crème fraîche miteinander vermischen und mit Pfeffer abschmecken.

Die Masse gleichmäßig in der Springform verstreichen. Die Quiche bei 190 °C Ober-/Unterhitze ca. 40 Minuten backen.

Vegetarisches Gemüsecurry

2 EL	Sonnenblumenöl
1	Zwiebel, in Ringe
2 TL	Kreuzkümmel
2 EL	Koriander, gemahlen
1 TL	Kurkuma
2 TL	Ingwer, gemahlen
1 TL	Chilischote, rot, gehackt
2 Zehen	Knoblauch, durchgepresst
400 g	Tomaten, gehackt, aus der Dose
300 ml	Kokosmilch
1	Blumenkohl, klein, in Röschen geteilt
2	Zucchini, in Scheiben
4	Karotten
400 g	Kichererbsen, abgespült und abgetropft
	Pfeffer
150 ml	Naturjoghurt
2 EL	Mango Chutney
	Kräuter, frisch, zum Garnieren

Das Öl in einer Pfanne erhitzen und die Zwiebel darin kurz dünsten.

Gewürze, Chili und Knoblauch hinzufügen und 1 weitere Minute anbraten. Tomaten und Kokosmilch dazugeben und gründlich unterrühren.

Blumenkohl, Zucchini, Karotten, Kichererbsen sowie Pfeffer dazugeben und zugedeckt 20 Minuten köcheln lassen.

Joghurt und Mango Chutney einrühren und nur noch leicht erhitzen, nicht aufkochen lassen.

Zwiebelschmalz

100 g	Kokosfett
30 ml	Sonnenblumen Öl
1 kleine	Zwiebel
½ TL	Oregano
¼ TL	Thymian

Die Zwiebel schälen und sehr fein hacken. Das Kokosfett in einer Pfanne zerlassen. Das Öl in einer anderen Pfanne erhitzen.

Die Zwiebel darin andünsten. Zwiebeln samt Bratöl in das zerlassene Kokosfett geben und verrühren. Mit Oregano und Thymian abschmecken.

In ein verschließbares Glas füllen und erkalten lassen, dabei immer wieder wenden, damit sich die Zwiebeln und Gewürze gleichmäßig verteilen.

Im Kühlschrank aufbewahren.

Vegetarische Köttbullar

50 g	Zwiebeln
3	Knoblauchzehen
100 g	Mandeln
100 g	Gouda
70 g	Semmelbrösel
1 TL	Kräuter der Provence, Oregano o.ä.
2	Eier
1 EL	Sojasauce
1 Liter	Gemüsebrühe
etwas	Butter

Die Zwiebeln und den Knoblauch schälen und fein hacken. Die Mandeln und den Gouda zerkleinern.

Die rohen Zwiebeln und den Knoblauch mit dem Gouda und den Mandeln vermengen.

Die Semmelbrösel, Kräuter, Eier und Sojasoße zufügen und alles gut miteinander verkneten. Aus dem Teig walnussgroße Kugeln formen und diese 6 Minuten lang in der Gemüsebrühe köcheln lassen.

Die Köttbullar mit einer Schaumkelle aus der Brühe holen und in einer Pfanne mit Butter noch einige Minuten knusprig braten.

Gefüllte Zucchini

1 große	Zucchini
	Kritharaki
1 EL	Crème fraîche
5	Cherrytomaten
n. B.	Käse, gerieben
	Pfeffer
	Öl, oder Butter, zum Anbraten
	Thymian
	Basilikum
½	Zwiebeln
1	Knoblauchzehe

Zucchini halbieren und aushöhlen, sodass noch ca 0,5 cm Rand bleibt. Nudeln nach Packungsanweisung kochen.

Zwiebeln würfeln und in Butter oder Öl anbraten. Das Fruchtfleisch der Zucchini und den Knoblauch zerkleinern und zusammen mit der Crème fraîche in die Pfanne geben.

Die Tomaten zerkleinern und mit den fertigen Nudeln ebenfalls dazugeben. Würzen.

Den Backofen vorheizen auf 180°C. Die Füllung in die halbierten Zucchini füllen und mit Käse bestreuen. Ca. 20 - 30 Minuten überbacken, bis der Käse braun ist.

Zwiebelkuchen

250 g	Mehl
15 g	Hefe
100 ml	Milch, lauwarm
40 g	Butter oder Margarine
1.000 g	Zwiebeln
100 g	Parmesan, geriebener oder Emmentaler
1 EL	Butter oder Margarine
2 Scheiben	Toastbrot
2	Eier
½ TL	Kümmel
	Cayennepfeffer
1 Becher	saure Sahne

Für den Teig Mehl in eine Schüssel geben, in die Mitte eine Mulde drücken, Hefe hineinbröckeln. Mit einem Teil lauwarmer Milch und etwas Mehl vom Rand her verrühren. Schüssel zudecken und den Vorteig an einem warmen Ort 15 Min gehen lassen.

Restliche Milch und weiches Fett in Flöckchen auf dem Mehl verteilen. Alles gut verkneten und den Teig schlagen, bis er Blasen wirft. Teig auf gefettetem Backblech dünn ausrollen, noch mal zugedeckt 20 Min gehen lassen.

Inzwischen das Toastbrot in Milch einweichen. Zwiebeln schälen und in dünne Ringe schneiden. In Butter bei geschlossenem Deckel mind. 10 Minuten dünsten. Toastbrot ausdrücken und zugeben, weitere 5 Min. garen. Eier, Kümmel, Cayennepfeffer, Käse und saure Sahne mischen evtl. noch mal nachwürzen. Zur Zwiebelmasse geben und mischen.

Die Zwiebelmasse auf den Teig streichen. Im vorgeheizten Ofen auf mittlerer Schiene 40 Minuten bei 240 Grad (ohne Heißluft) backen.

Gefüllte Weinblätter

150 g	Rundkornreis
30 g	Pinienkerne
25 g	Korinthen
50 ml	Olivenöl
400 g	Zwiebeln, fein gehackt
¼ TL	Pfeffer, schwarz
½ TL	Piment, gemahlen
½ TL	Zimtpulver
½ TL	Paprikapulver, edelsüß
½ TL	Nelkenpulver
1 EL	Tomatenmark
1 EL	Petersilie, gehackt
1 EL	Dill, gehackt
250 g	Weinblätter, eingelegt
¼ Liter	Gemüsebrühe
2 EL	Zitronensaft

Die Pinienkerne in Öl goldbraun braten, dann die Zwiebeln zugeben und etwa 10 Minuten dünsten. Den Reis dazugeben und alles 3 Minuten braten. Tomatenmark, die Gewürze, Korinthen, und so viel Wasser dazugeben, dass der Topfinhalt eben bedeckt ist.

Mit geschlossenem Deckel aufkochen lassen, danach den Herd abstellen und alles eine halbe Stunde ziehen lassen. Dill und Petersilie unterrühren und abkühlen lassen.

Die Weinblätter abwaschen und in kochendem Wasser 2 Minuten blanchieren, dann in einem Sieb abtropfen lassen. Einen flachen Bratentopf mit Weinblättern auslegen. Je ein Weinblatt mit einem Teelöffel Füllung belegen und fest zusammenrollen, dabei die Seiten einschlagen.

Die Röllchen dicht an dicht in den Topf schichten, mit Weinblättern belegen. Einen passenden Teller umgekehrt darauf legen, Gemüsebrühe und Zitronensaft hineingießen. Deckel auflegen, aufkochen lassen und bei geringer Hitze eine Stunde köcheln.

Rote Beete – Orangen Suppe

2 kleine	Zwiebeln
3 Knollen	Rote Bete, mittelgroße
1	Orangen, (Abrieb davon)
2 Prisen	Ingwer, frisch gerieben
2 Prisen	Chilipulver
400 ml	Gemüsebrühe
200 ml	Sahne
100 ml	Weißwein
200 ml	Orangensaft
50 g	Schmand, oder saure Sahne
1 EL	Öl

Zwiebel schälen und klein schneiden. In einem großen Topf mit dem Öl angehen lassen. Rote Bete, um Verfärbungen zu vermeiden, mit Handschuhen schälen, in Würfel schneiden und zufügen.

Etwas angehen lassen, eine Prise Chili zufügen und mit Weißwein ablöschen, verkochen lassen. Mit Orangensaft auffüllen und ebenfalls fast verkochen lassen. Mit Brühe auffüllen und ca. 10 Minuten garen, bis die Rote Bete weich ist.

Dann die Sahne sowie den frisch geriebenen Ingwer zufügen, nochmals aufkochen lassen und im Anschluss pürieren.

Das Ganze vor dem Servieren noch einmal abschmecken und bei Bedarf nachwürzen.

Hähnchen Curry Lauch Suppe

1 kg	Hähnchenbrust
2 Stangen	Porree
600 g	Champignons
2	Paprikaschoten, rot
2 m.-große	Zwiebeln
1 Becher	Sahneschmelzkäse, ca. 200 g
1 Becher	Kräuterschmelzkäse, ca. 200 g
1 Liter	Geflügelbrühe
150 ml	Schlagsahne
50 ml	Teriyaki Sauce
2 TL	Currypaste, rot
3 EL, gehäuft	Mehl
2 EL, gehäuft	Currypulver
3 EL, gehäuft	Petersilie, getrocknet
50 g	Margarine oder Butter

Den Porree putzen, das Wurzelende sowie 2/3 vom Grün wegschneiden. Den Rest in ca. 5 mm breite Ringe schneiden, gut abspülen und in leicht gesalzenem Wasser garen. In der Zwischenzeit die Hähnchenbrustfilets in ca. 2 cm große Stücke schneiden und in etwas Öl portionsweise in einer hohen Pfanne anbraten und beiseitestellen.

Die Paprika waschen, entkernen und in ca. 1 cm große Stücke schneiden. Die Zwiebeln schälen und zusammen mit der Paprika in etwas Öl anschwitzen. Nach ca. 5 Min. die geputzten und in Scheiben geschnittenen Champignons zugeben und weitere 5 Min. anschwitzen, danach beiseitestellen.

Die angebratenen Hähnchenstücke mit der Margarine oder Butter wieder in die Pfanne geben und kurz erhitzen. Das Mehl und das Currypulver zugeben, kurz anschwitzen und dann mit der Brühe ablöschen. Den Streichkäse zugeben und bei mittlerer Hitze unter Rühren schmelzen lassen, die Sahne einrühren. Die vorbereitete Paprika-Zwiebel-Pilz-Mischung sowie den gegarten Lauch zugeben und mit der Teriyakisauce, der Currypaste und etwas Pfeffer abschmecken.

Käse Hackfleisch Lauch Suppe

500 g	Hackfleisch, gemischt
3 Stangen	Lauch
250 g	Schmelzkäse
1 Becher	Crème fraîche, ca. 150 g
3 Würfel	Gemüsebrühe
700 ml	Wasser
2 kleine	Baguettes zum Aufbacken
	Pfeffer, aus der Mühle
3 EL	Öl
	Muskat
	Knoblauchpulver
	Zwiebelpulver

Den Ofen auf 175 °C Ober-/Unterhitze vorheizen. Die Baguettes in den vorgeheizten Ofen legen und ca. 10 Minuten backen.

Derweil Öl in einen großen Topf geben. Das Hackfleisch darin von allen Seiten gut anbraten und mit Pfeffer würzen.

Den Lauch in kleine Ringe schneiden und zum Hackfleisch geben. Ca. 5 Minuten mit anbraten. Das Wasser zugießen, Brühwürfel hineingeben und alles ca. 10 Minuten auf kleiner Flamme köcheln lassen.

Den Schmelzkäse einrühren und schmelzen lassen. Crème fraîche einrühren und noch einmal kurz aufkochen lassen. Die Suppe mit Pfeffer, Muskat, Knoblauch und Zwiebelpulver kräftig abschmecken.

Die Baguettes in Scheiben schneiden und zu der Suppe reichen.

Zucchini Curry Suppe

1 kleine	Zwiebel
800 g	Zucchini
1 TL	Currypulver, mild
400 ml	Gemüsebrühe
200 g	Crème fraîche
n. B.	Pfeffer

Die Zwiebel schälen und fein würfeln. Anschließend die Zwiebel in einen Topf geben und anbraten

Während die Zwiebel anbrät, die Zucchini waschen und dann grob würfeln.

Nach 3 - 4 Minuten ist die Zwiebel so weit angeröstet, dass die Zucchini und das Currypulver dazu können. Das Currypulver zuerst auf den Boden geben und dann die Zucchini darauf geben, alles einmal durchrühren und anschließend mit 400 ml Gemüsebrühe aufgießen.

Nun die Suppe weitere acht Minuten auf den Herd geben und die Zucchini weich kochen lassen, danach noch die Crème fraîche hinzugeben und alles mit einem Pürierstab zu einer Suppe pürieren.

Zum Schluss die Suppe noch mit Pfeffer abschmecken.

Möhren Ingwer Suppe

60 g	Ingwer, frisch
400 g	Möhren
50 g	Butter
600 ml	Gemüsebrühe
150 ml	Kokosmilch
	Pfeffer

Den Ingwer schälen und sehr fein würfeln, damit später, nach dem Pürieren, keine Fasern zu spüren sind.

Die Möhren schälen und in dünne Scheiben schneiden.

Möhren und Ingwer in Butter anschwitzen.

Mit Brühe und Kokosmilch ablöschen und aufkochen lassen.

Die Suppe bei mittlerer Hitze etwa 20 Minuten köcheln lassen, dann mit dem Stabmixer fein pürieren. Mit Pfeffer abschmecken.

Zur Suppe kann man Toastbrot oder Baguette servieren.

Maiscreme Kokosmilch Suppe

1	Zwiebel
2 cm	Ingwer, frisch
3 Zweige	Koriander
2 EL	Öl, zum Anbraten
340g	Mais
2	Frühlingszwiebeln
2	Chilischoten
250 ml	Kokosmilch
450 ml	Gemüsebrühe
2 EL	Kokosraspel
2 EL	Curry
½ TL	Zimt
etwas	Reisessig

Zwiebel würfeln, Ingwer schälen und grob hacken, Koriander hacken, dabei den dickeren Teil der Stängel und die Wurzeln von den Blättern trennen, beiseite stellen. Alles in einem Topf mit dem Öl anbraten.

Etwa die Hälfte vom Mais zugeben, kurz anschwitzen, dann mit Brühe und Kokosmilch ablöschen. Etwas köcheln lassen. Derweil die Chilischoten von den Kernen befreien und hacken. Die Frühlingszwiebeln in Ringe schneiden.

Die Masse im Topf mit einem Pürierstab pürieren, dann den restlichen Mais, die Chilischoten, Kokosraspel, Curry, Frühlingszwiebeln, den beiseite gestellten Koriander und Zimt zugeben.

Mit Reisessig und Fischsauce abschmecken. In Schüsseln geben, mit Korianderblättern garnieren und servieren.

Würzig scharfe Nudelsuppe

125 g	Mie-Nudeln
1 ½ Liter	Gemüsebrühe
500 ml	Kokosmilch
1	Zwiebel
2	Knoblauchzehen
250 g	Hähnchenbrustfilet
4	Lauchzwiebeln
2	Paprikaschoten, rot und gelb
1 Glas	Gemüse, ca.180g
1 kl. Dose	Mais
200 ml	Orangensaft
3 EL	Sojasauce
3 EL	Reisessig
3 EL	Currypaste, rot
1 TL	Kreuzkümmel
2 TL	Kurkuma

Die Mie-Nudeln 5 Minuten im Salzwasser kochen und abschütten. Etwas Öl darüber, damit sie nicht verkleben. Die Hähnchenbrüste mit Pfeffer, und ein wenig Curry scharf anbraten.

Danach in kleine Scheiben schneiden. Die gewürfelte Zwiebel mit den kleingehackten Knoblauchzehen, sowie den kleingeschnitten Paprikas und dem Zwiebellauch, in etwas Öl andünsten.

Mit der Brühe ablöschen. Die Kokosmilch und Orangensaft hineingeben. Jetzt kommt das Gemüse, die gekochten Mie-Nudeln, der Mais und die Hähnchenbrustscheibchen dazu.

Alles wird jetzt mit Sojasauce, Reisessig, Currypaste, Kreuzkümmel, Kurkuma, Pfeffer, Chilipulver abgeschmeckt. Zum Schluss die feingeschnittene Petersilie und das Zwiebellauchgrün einstreuen.

Reissuppe

1	Zwiebel
1	Knoblauchzehe
1 EL	Öl
800 ml	Gemüsebrühe
1 Stange	Lauch
1	Karotte
200 g	Hähnchenbrust
250 ml	Kokosmilch
100 g	Reis

Die Zwiebeln und den Knoblauch abziehen und fein würfeln. Den Lauch putzen, die Karotten schälen und in Scheiben schneiden. Die Hähnchenbrust waschen, trocken tupfen und in Würfel schneiden.

Öl in einem Topf erhitzen und das Fleisch darin anbraten. Zwiebel, Knoblauch, Lauch und Karotte dazugeben und anbraten. Die Gemüsebrühe und die Kokosmilch zugießen und aufkochen.

Den Reis hinzufügen. Alles zusammen ca. 15 Min. kochen lassen, bis der Reis bissfest ist. Die Suppe mit Zitronensaft, Currypulver und Pfeffer abschmecken. Heiß servieren.

Kartoffel Kokos Suppe

1 kg	Kartoffeln
1 Stück	Ingwer, frisch,
1 Bund	Koriandergrün
1	Chilischote, grün
	Sesamöl
2 Zehen	Knoblauch
1 ½ Liter	Gemüsebrühe
1 Dose	Kokosmilch, ca. 400 g

Die Kartoffeln waschen, mit kaltem Salzwasser aufsetzen und gar kochen. Dann ausdampfen lassen, pellen und mit dem Stampfer pürieren. Man kann auch übrige Kartoffeln vom Vortag verwenden.

Den Ingwer schälen und klein hacken. Das Koriandergrün waschen, trocknen und ebenfalls hacken. Die Chilischote halbieren und in feine Streifen schneiden.

Im Topf etwas Sesamöl erhitzen und darin den Ingwer kurz andünsten. Die Chilischote und den Knoblauch dazugeben.

Die Kartoffeln ebenfalls in den Topf geben und kurz anbraten. Mit der Gemüsebrühe und der Kokosmilch ablöschen und mit einem Schneebesen alles umrühren.

Kartoffel Bärlauch Suppe

1	Zwiebel
2 große	Kartoffeln
1 Stück	Knollensellerie
50 g	Bärlauch
500 ml	Gemüsebrühe
200 ml	Sahne, oder Sojasahne
1 EL	Olivenöl
n. B.	Pfeffer
n. B.	Muskat

Zwiebeln, Sellerie und Kartoffeln klein schneiden und in etwas Olivenöl andünsten.

Mit Pfeffer und Muskat würzen. Anschließend mit Gemüsebrühe auffüllen und gar kochen.

Wenn die Kartoffeln gar sind, mit Sahne auffüllen, den Bärlauch klein schneiden, dazugeben und alles pürieren.

Peking Suppe (scharf-sauer)

1	Zwiebel
2 EL	Sojasauce, je helle und dunkle
1 Liter	Wasser
1 EL	Tomatenmark
1 Handvoll	Bambussprossen
1 Handvoll	Sojabohnen
1 EL	Speisestärke
3 EL	Reisessig, dunkel
2	Eier
1 EL	Brühepulver
1 EL	Sesamöl
1 Handvoll	Chinakohl
1 TL	Sambal Oelek
1 Stück	Ingwer
2 Zehen	Knoblauch

Das Erdnussöl stark erhitzen. Zwiebel, Ingwer und Knoblauchzehen klein schneiden stark anbraten. Helle und dunkle Sojasoße darüber geben. Mit 1 Liter Wasser ablöschen, alles zum Kochen bringen.

Tomatenmark einrühren, je eine Hand voll klein geschnittene Bambussprossen, Sojabohnen, Maiskölbchen, Sojasprossen dazugeben. Wer will, kann auch noch beliebig anderes Gemüse verwenden, zum Beispiel Pilze, Brokkoli oder Palmenherzen.

Alles aufkochen. Stärke mit Wasser vermischen und einrühren. Dunklen Reisessig dazugeben. Eier verquirlen, langsam im Kreis in die Suppe gießen. Kurz warten, bis das Ei stockt und dann vom Boden des Woks schaben.

Vom Feuer nehmen, chinesische Hühnerfleischbrühe (Pulver), Sesamöl, geschnittenen Chinakohl und Sambal Olek für die Schärfe dazugeben.

Kartoffel Spargel Suppe

4 große	Kartoffeln, geschält und grob gewürfelt
8 Stangen	Spargel, grün, in etwa 2 cm Stücke geschnitten
1 große	Zwiebel, geschält und grob gewürfelt
1 Liter	Gemüsebrühe
125 g	Crème fraîche
1 Schuss	Weißwein, zum Ablöschen
2 Schuss	Olivenöl

Olivenöl in einem Topf erhitzen und bei mittlerer Temperatur die Zwiebeln und Kartoffeln darin etwa 2 - 3 Minuten anbraten. Mit der Brühe ablöschen und, aufkochen lassen und köcheln lassen, bis die Kartoffeln gar sind..

Dann den Spargel in einer Pfanne mit etwas Olivenöl scharf anbraten und wenn er etwas Farbe angenommen hat, mit einem Schuss Weißwein ablöschen. Warten bis der Weißwein verkocht ist und dann den Spargel in die Suppe geben.

Etwa 5 Minuten köcheln lassen, dann probieren ob der Spargel weich ist. Die Suppe vom Herd nehmen und mit einem Stabmixer pürieren.

Die Crème fraîche dazugeben und noch mal kräftig mixen.

Süßkartoffel Linsensuppe

2	Zwiebeln
1 EL	Öl
3 große	Süßkartoffeln
5	Kartoffeln
5 große	Möhren, gewürfelt
200 g	Linsen, rote und gelbe
1 Stück	Ingwer, daumengroß
1	Mango, fein gewürfelt
1 Dose	Kokosmilch
etwas	Gemüsebrühe, instant
evtl.	Chiliflocken
evtl.	Currypulver
evtl.	Gewürzmischung, asiatische

Die Zwiebeln würfeln und im Öl kurz anbraten. Beide Kartoffelarten ebenfalls würfeln und kurz anschwitzen, dann mit 1,5 l kochendem Wasser sowie der Kokosmilch aufgießen. Sobald die Suppe kocht, die Linsen zugeben und dann die Möhren.

Den Ingwer fein reiben und in die Suppe geben.

Nach ca. 15 - 20 Minuten Kochzeit, wenn die Linsen weich sind, die fein gewürfelte Mango unterrühren und die Suppe mit Brühe und nach Belieben Chiliflocken und etwas Curry oder Asia Gewürz abschmecken.

Käse Gemüse Suppe

4	Zwiebeln, klein geschnittene
3 Stangen	Lauch, in Ringe geschnittener
500 g	Möhren, klein geschnittene
500 g	Pilze, in Scheiben geschnittene
1 Liter	Brühe
3 Pck.	Schmelzkäse
2 Becher	Sahne
	Pfeffer
etwas	Öl

Zuerst die Zwiebeln in etwas heißem Öl anbraten, dann die Möhren, die Pilzscheiben und die Lauchringe dazugeben.

Alles mit Brühe aufgießen und kochen lassen. Sobald alles gar ist, den Schmelzkäse und die Sahne dazugeben und nach Bedarf mit Pfeffer abschmecken. Heiß servieren.

Kartoffel Kürbis Suppe mit Äpfeln

1 ¼ kg	Kürbis
1	Zwiebel
3	Äpfel, säuerlich
1 EL	Butter
1 Liter	Gemüsebrühe
400 g	Kartoffeln, festkochend
100 g	Speck, geräuchert
4 Stiele	Thymian, frisch
1 EL	Öl
	Pfeffer

Den Kürbis waschen, in Spalten schneiden und entkernen. Dann das Kürbisfleisch grob würfeln. Die Zwiebel schälen und fein hacken. Die Äpfel vierteln, entkernen, schälen und in Würfel schneiden.

Die Butter in einem Topf erhitzen. Die Zwiebelwürfel darin andünsten. Kürbis dazugeben und mitdünsten.

Einen Liter Gemüsebrühe da zugießen und aufkochen. Dann die Äpfel zufügen und alles etwa 20 Minuten mit halb geschlossenem Deckel köcheln lassen. Das Kürbisfleisch sollte durchgegart sein.

In der Zwischenzeit die Kartoffeln schälen, waschen und ganz fein würfeln. Den Speck ebenfalls in feine Würfel schneiden und in einer Pfanne knusprig braten. Dann herausnehmen. Im ausgelassenen Fett das Öl erhitzen und die Kartoffeln darin braten. Das dauert etwa 10 Minuten.

Dabei darauf achten, dass sie nicht zusammenbacken. Den Thymian waschen und von den Stielen streifen. Mit dem Speck zusammen zu den Kartoffeln geben. Mit Pfeffer würzen. Die Suppe mit dem Stabmixer fein pürieren und abschmecken.

Blumenkohl Käse Suppe

1	Blumenkohl
750 ml	Fleischbrühe
400 g	Schmelzkäse, fettreduziert (2 B. a 200 g)
1 Becher	saure Sahne, (200 g)
500 g	Hackfleisch, mageres
1	Zwiebel
	Kräuter, frische
	Pfeffer
	Muskat

Den Blumenkohl waschen und in kleine Röschen teilen, in kochendes Wasser geben und in 10-15 Minuten gar werden lassen.

In der Zwischenzeit das Hackfleisch mit der fein gewürfelten Zwiebel anbraten. Dann die Fleischbrühe zum Hackfleisch geben, den Schmelzkäse und die saure Sahne in der Suppe zergehen lassen und den Blumenkohl dazu geben. Aufkochen lassen, mit Pfeffer und Muskat abschmecken und noch 10 Minuten ziehen lassen.

Nach Geschmack und Saison zum Schluss frische Kräuter dazu geben.

Hackfleisch Rosenkohl Suppe

500 g	Hackfleisch
500 g	Rosenkohl
evtl.	Zwiebeln
700 ml	Brühe
200 ml	Sahne oder Creme fraîche
2 EL	Schmelzkäse
etwas	Muskat

Das Hackfleisch in der Pfanne anbraten und mit Pfeffer würzen. Man kann auch ein paar Zwiebeln dazugeben.

Den Rosenkohl waschen (bzw. auftauen), ggf. die äußeren Blätter entfernen und den Strunk etwas abschneiden. Rosenkohl vierteln und in der Brühe kochen, bis der Rosenkohl weich ist.

Das Hackfleisch in die Suppe gegeben. Sahne und Schmelzkäse nacheinander unterrühren. Mit Muskat abschmecken.

Rote Beete Meerrettich Suppe

1 große	Zwiebel
2 EL	Butter
1 Glas	Rote Bete, gekochte, Abtropfgewicht 430 g
1 EL	Honig
½ Liter	Gemüsebrühe
1	Apfel, säuerlicher
	Pfeffer
	Kümmel, gemahlener
100 g	saure Sahne
1 Becher	Meerrettich, geriebener

Die Zwiebel schälen, grob würfeln und in 1 EL Butter anschwitzen. Die Rote-Bete in ein Sieb gießen, dabei den Saft auffangen. Die abgetropften Rote-Bete-Scheiben zur Zwiebel geben und mit dem Honig kurz glasieren.

Die Gemüsebrühe und den aufgefangenen Rote-Bete-Saft dazugeben und 30 Minuten auf kleiner Flamme kochen. Währenddessen den Apfel schälen, fein würfeln und in 1 El Butter in etwa 5 Minuten weich garen.

Die fertige Rote-Bete-Suppe mit dem Stabmixer pürieren, mit Pfeffer und gemahlenem Kümmel abschmecken.

Den Sauerrahm mit dem Meerrettich vermischen. Die Suppe auf Teller verteilen. Auf jeden Teller einen Klacks Sauerrahm-Meerrettich-Creme in die Mitte der Suppe geben. Die Apfelwürfel darüber streuen.

Kohlrabi Kokos Suppe

500 g	Kohlrabi
120 g	Kartoffeln
1	Zwiebel
1	Knoblauchzehe
2 TL	Öl
	Currypulver
	Kurkuma
	Pfeffer
150 ml	Kokosmilch
350 ml	Gemüsebrühe

Die Kartoffeln schälen und in Würfel schneiden, ebenfalls den Kohlrabi. Zwiebeln und Knoblauch hacken und ca. 5 Minuten im Öl andünsten.

Die Kokosmilch und die Brühe hinzufügen und alles etwa 25 Minuten köcheln lassen. Die Suppe pürieren und mit den Gewürzen abschmecken.

Süßkartoffel Erdnuss Suppe

1	Zwiebel
1	Knoblauchzehe
etwas	Olivenöl
3	Süßkartoffeln
1 Liter	Gemüsebrühe
75 g	Erdnüsse ohne Schale
1 Dose	Kokosmilch 400 g
2 EL	Limettensaft
n. B.	Pfeffer

Knoblauch und Zwiebel schälen und würfeln. Etwas Olivenöl in einen großen Topf geben und Knoblauch und Zwiebel anschwitzen.

Süßkartoffeln ebenfalls schälen und auch würfeln, dann in den Topf geben und mit Gemüsebrühe knapp bedecken. Zum Kochen bringen und 15 - 20 Min. köcheln lassen, bis die Süßkartoffeln weich sind.

Die Erdnüsse in der Zwischenzeit pellen. Wenn die Süßkartoffeln weich sind, die Suppe pürieren. Anschließend noch die Kokosmilch unterrühren und auch die Erdnüsse untermixen.

Mit Limettensaft und Pfeffer abschmecken und vor dem Servieren die restlichen Erdnüsse drüber streuen.

Arabische Spinat Suppe

1 große	Zwiebel
2 Zehen	Knoblauch
1 TL	Kreuzkümmel
1 TL	Kurkuma
1 TL	Paprikapulver
½ TL	Zimt
2 Dosen	Kichererbsen à 425 g
1 Dose	Kidneybohnen
½ Tassen	Linsen, rote
1 ¼ Liter	Gemüsebrühe
¼ Tassen	Zitronensaft
etwas	Minze, frische
1 Bund	Spinat
	Olivenöl

Das Öl in einem Topf erhitzen. Gewürfelte Zwiebeln und gepressten Knoblauch dazugeben und dünsten, bis die Zwiebeln weich sind.

Mit der Brühe auffüllen, Kichererbsen, Kidneybohnen, Linsen, Zitronensaft und gehackte Minze dazugeben. Zugedeckt etwa 20 Minuten kochen, bis die Linsen zart sind.

Spinat zugeben und unbedeckt so lange simmern lassen, bis der Spinat zusammengefallen ist. Zwischendurch mit Pfeffer abschmecken.

Die Suppe schmeckt auch am nächsten Tag noch sehr gut, wenn alles schön durchgezogen ist.

Selbstgemachte Flädle Suppe

1	Ei
50 g	Mehl
100 ml	Milch
2 EL	Kräuter, gemischt
1	Zwiebel
2 EL	Sesam
3 EL	Öl
1 Liter	Gemüsebrühe

Ei, Mehl, Milch und Kräuter zu einem glatten Teig verrühren. 2 EL Öl in einer kleinen Pfanne erhitzen.

Aus dem Teig 3 kleine, dünne Pfannkuchen backen, dabei jeweils kurz vor dem Stocken die Pfannkuchen mit Sesam bestreuen.

Die Zwiebel schälen und fein hacken. 1 EL Öl erhitzen und die Zwiebel darin anbraten. Mit der Gemüsebrühe aufgießen und einmal aufkochen lassen.

Die Pfannkuchen in Streifen schneiden und in die heiße Brühe geben. Einige Minuten ziehen lassen.

Apfel Paprika Suppe

2	Paprikaschoten, rote
4	Äpfel
1	Zwiebel
30 g	Butter
	Pfeffer
600 ml	Gemüsebrühe
2 EL	Kürbiskerne
½ Bund	Basilikum
evtl.	Olivenöl

Die Paprikaschoten putzen, waschen und klein schneiden. Drei Äpfel schälen, vierteln, entkernen und würfeln. Die Zwiebel abziehen, würfeln.

Die Zwiebeln in heißer Butter anbraten. Paprika und Äpfel zugeben, ca. 4 Minuten anbraten, würzen, die Brühe angießen, aufkochen und ca. 15 Minuten köcheln lassen.

Die Kürbiskerne in einer Pfanne ohne Fett anrösten. Das Basilikum grob zerzupfen. Die Suppe mit dem elektrischen Schneidstab pürieren und abschmecken.

Den restlichen Apfel waschen und in schmale Streifen raspeln. Die Suppe mit Apfelstreifen, Kürbiskernen und Basilikum anrichten.

Kartoffeln Pilz Suppe

5 g	Steinpilze, getrocknet
500 g	Kartoffeln
1 große	Zwiebel
1 EL	Öl
700 ml	Gemüsebrühe
125 g	Champignons
1 EL	Butter
½ Bund	Petersilie
75 g	Schlagsahne
	Pfeffer, weißer

Steinpilze abspülen und in 75 ml lauwarmem Wasser ca. 15 Minuten einweichen. Kartoffeln schälen, waschen und klein schneiden. Zwiebeln schälen und würfeln.

Öl in einem Topf erhitzen. Zwiebeln und Kartoffeln darin andünsten. Gemüsebrühe und Steinpilze mit Einweichwasser angießen und aufkochen lassen. Ca. 20 Minuten zugedeckt köcheln lassen.

Champignons putzen, waschen und in Scheiben schneiden. In der heißen Butter ca. 5 Minuten braten.

Petersilie waschen und hacken. Die Kartoffeln in der Brühe pürieren, die Sahne unterrühren und aufkochen lassen. Die Suppe mit Pfeffer abschmecken. Petersilie und Champignons unterrühren.

Gurken Rahm Suppe

3	Salatgurken
4 große	Kartoffeln
1 ½ Liter	Gemüsebrühe
300 g	Hackfleisch, gemischt
2 große	Zwiebeln
200 ml	süße Sahne
200 ml	saure Sahne
	Pfeffer
	Currypulver
	Dill, frischer
etwas	Öl

Die Gurken waschen, schälen, halbieren und in nicht zu feine Scheiben schneiden. Die Brühe in einem größeren Topf aufkochen lassen, die Gurkenscheiben dazugeben und die Suppe zum Kochen bringen. Sie braucht insgesamt etwa 1 Stunde.

Die Zwiebeln pellen und würfeln. Zusammen mit dem Hackfleisch in etwas Öl braten, bis das Hackfleisch krümelig ist.

Die Kartoffeln waschen, schälen und nicht zu fein würfeln. Nach 40 Minuten Kochzeit die Kartoffelwürfel und die Zwiebel-Hack-Mischung zu den Gurken in den Topf geben und die Suppe weitere 20 Minuten köcheln lassen.

Danach den Topf vom Herd ziehen, die süße und saure Sahne in die Suppe gießen, umrühren und die Gurkensuppe mit Pfeffer und viel Curry würzig abschmecken. Den Dill waschen, hacken und vor dem Servieren über die Suppe streuen.

Rote Beete Kokos Suppe

500 g	Rote Bete
4	Frühlingszwiebeln
40 g	Ingwer, frisch
1	Orange
2 EL	Öl
400 ml	Gemüsebrühe
400 ml	Kokosmilch
	Cayennepfeffer
	Pfeffer
½	Zimtstange
1	Sternanis

Rote Bete schälen und in feine Spalten schneiden. 3 Frühlingszwiebeln putzen und nur das Weiße in feine Würfel schneiden. Ingwer schälen und reiben. Von der Hälfte der Orange die Schale dünn abreiben, den Saft der ganzen Frucht auspressen.

Öl erhitzen. Rote Bete und Frühlingszwiebeln darin anbraten. Mit Gemüsebrühe und Kokosmilch ablöschen. Cayennepfeffer, Ingwer, Orangensaft und -schale, 1/2 Zimtstange und 1 Sternanis zufügen und zugedeckt ca. 25 Minuten leise kochen lassen. Anschließend mit Pfeffer abschmecken.

Die Zimtstange vor dem Servieren wieder herausnehmen. das Grüne von 1 Frühlingszwiebel in feine Streifen schneiden und die Suppe damit garnieren.

Curry Zitronengras Suppe

2	Karotten
1 Stange	Lauch
1	Apfel
1 Liter	Gemüsebrühe
175 ml	Kokosmilch, light
2 Scheiben	Knoblauch
2 Scheiben	Ingwer
1 TL	Curry
2 Stängel	Zitronengras
2 EL	Basilikum
	Cayennepfeffer

Die Karotte schälen und in dünne Scheiben schneiden, den Lauch putzen, waschen und in Streifen schneiden, den Apfel waschen, entkernen und in kleine Würfel schneiden.

Das Gemüse mit Apfel in der Gemüsebrühe knapp unter dem Siedepunkt in etwa 10 Minuten weich ziehen lassen.

Kokosmilch, Knoblauch, Ingwer und Curry in die Suppe geben und das Ganze mit dem Stabmixer schaumig aufschlagen. Mit etwas Cayennepfeffer abschmecken.

Das Zitronengras längs aufschneiden, 10 Minuten in der Suppe ziehen lassen, anschließend entfernen, die Suppe nochmals aufschäumen und in 2 warme Suppenteller füllen. Beim Anrichten mit Basilikum bestreuen.

Kohlrabi Petersilien Suppe

2	Zwiebeln
2 TL	Pflanzenöl
2	Kohlrabi
800 g	Kartoffeln
1 Liter	Gemüsebrühe
150 g	Schmelzkäse mit Kräutern
1 Bund	Petersilie
	Muskat
	Pfeffer

Zwiebeln fein hacken und in erhitztem Pflanzenöl glasig anbraten. Kohlrabi und Kartoffeln in Würfel schneiden, zu den Zwiebeln geben, Brühe angießen und ca. 20 Minuten bei mittlerer Hitze kochen.

Die Hälfte der Suppe beiseite stellen, den Rest mit einem Mixstab pürieren. Schmelzkäse zugeben und unter Rühren schmelzen lassen.

Mit der restlichen Suppe vermischen. Einige Petersilienblätter beiseitelegen, die restliche Petersilie fein hacken, unterrühren und die Suppe mit Muskatnuss und Pfeffer abschmecken. Mit Petersilie garniert servieren.

Kürbis – Orangen Suppe mit Croutons

400 g	Hokkaidokürbis
1 große	Zwiebel
20 g	Ingwer, frisch gerieben
1	Orange, unbehandelt
2 EL	Olivenöl
500 ml	Gemüsebrühe
200 ml	Orangensaft
2 Scheiben	Toastbrot
30 g	Butterschmalz
1 TL	Zimtpulver
2 EL	Sahne
	Pfeffer

Den Kürbis entkernen und samt Schale würfeln. Die Zwiebel abziehen und fein würfeln. Den Ingwer fein reiben.

Die Orangen so dick schälen, dass auch die feine Haut mit entfernt wird. Die Fruchtfilets zwischen den Trennhäuten herausschneiden.

Die Zwiebel mit dem Ingwer in Olivenöl andünsten. Die Kürbiswürfel zufügen und kurz mitdünsten. Mit Brühe und Orangensaft aufgießen und alles bei mittlerer Hitze 30 Minuten köcheln lassen.

Inzwischen das Toastbrot in Würfel schneiden und in heißem Butterschmalz goldbraun rösten. Dabei mit Zimt würzen. Die Croûtons auf Küchenpapier abtropfen lassen.

Die Kürbissuppe mit dem Stabmixer fein pürieren. Durch ein Sieb in einen anderen Topf passieren und mit Pfeffer kräftig abschmecken.

Die Orangenfilets in die heiße Suppe geben und kurz darin ziehen lassen. Vor dem Servieren die halb steif geschlagene Sahne unterheben.

Kartoffel Eier Suppe mit Erbsen

800 g	Kartoffeln
1 Dose	Erbsen und Möhren
6	Eier, gekochte
1 Becher	Sahne
1 EL	Mehl
1 ½ Liter	Brühe
	Dill
	Petersilie
	Pfeffer
	Essig

Die Eier ca. 12 Minuten kochen, anschließend pellen. Die Kartoffeln schälen und in Würfel schneiden.

Dann in die Brühe geben und garen. Erbsen und Möhren dazugeben, ebenso die in Scheiben geschnittenen Eier.

Mehl mit der Sahne anrühren und dazugeben, alles aufkochen lassen. Dann je nach Geschmack pfeffern. Zum Schluss Petersilie und Dill dazugeben und mit einem Schuss Essig abrunden. Sofort servieren.

Geräucherter Fisch im Linsensalat

200 g	Tellerlinsen
2	Chicorée
1 Handvoll	Feldsalat
1	Zwiebeln
1	Möhre
1 Bund	Dill
400 g	Räucherfisch, gemischt
5 EL	Balsamico
1 TL	Meerrettich
7 EL	Olivenöl
	Pfeffer

Die Linsen in kochendem Wasser in ca. 30 Minuten weich kochen. Den Chicorée halbieren und den Strunk herausschneiden.

Dann in etwa fingerdicke Streifen schneiden. Den Feldsalat waschen und trocken schleudern. Die Zwiebel und den Dill fein hacken. Die Möhre schälen und fein raspeln. Den Fisch in mundgerechte Stücke zerteilen.

Die Zutaten für das Dressing mit dem Stabmixer mischen.

Chicorée, Feldsalat, Zwiebel und Möhrenraspel vermischen und auf 4 Tellern anrichten. Die Linsen darauf verteilen, dann den Räucherfisch auf die Teller legen und alles mit Dill bestreuen. Mit dem Dressing beträufeln und servieren.

Gebackener Fisch mit Gemüse

1 großer	Fisch
2	Paprikaschoten
1 Bund	Lauchzwiebel
2	Chilischoten
1 kl. Glas	Oliven, entsteint
1 EL	Pfefferkörner
10	Cocktailtomaten
1 Bund	Petersilie
1 Bund	Koriander
1	Limone
5 große	Knoblauchzehen
1 Glas	Weißwein
1 einige	Butterflocken
etwas	Hühnerbrühe oder Gemüsebrühe

Den Fisch waschen, kräftig pfeffern.

Den Bauch mit Limonen Scheiben und Koriander auslegen.

Sämtliches Gemüse klein schneiden und mit dem Wein in die Auflaufform geben. Den Fisch auf das Gemüse legen, einige Butterflocken drauf und im Backofen bei 200°C Umluft ca. 45 Minuten backen.

Fisch in Chilibutter

4	Fische, ausgenommen
1	Zitrone, unbehandelt
½	Chilischote, rote
180 g	Butter, zimmerwarm
2 EL	Koriandergrün, gehackt,
3	Knoblauchzehen, gepresst
1 TL	Kreuzkümmel
1 ½ TL	Paprikapulver, edelsüß
4	Frühlingszwiebeln

Die Zitrone heiß waschen und die Schale abreiben. Den Rest der Zitrone in 8 Scheiben schneiden.

Chilischote entkernen und fein hacken und mit der Butter, Zitronenschale, Koriander, Knoblauch, Kreuzkümmel, Paprikapulver und Pfeffer vermischen.

Fisch kalt abspülen. Jeden Fisch einzeln auf ein Stück Alufolie legen und mit der Butter-Paste bestreichen.

Je nach Größe der Fische wird die ganze Butter evtl. nicht benötigt. Die Fische mit den Zitronenscheiben füllen. Klein geschnittene Frühlingszwiebeln darauf verteilen und die Folie gut verschließen.

Die Folienpakete auf den Grill packen und je nach Größe der Fische 10-15 Minuten grillen.

Kartoffelgulasch mit Fisch

400 g	Kartoffeln, festkochend
1	Zwiebel
30 g	Butter
750 ml	Gemüsebrühe
1	Lorbeerblatt
4	Gewürznelken
3	Wacholderbeeren
5 Körner	Pfefferkörner, weiß
500 g	Seelachsfilet
1	Zitrone, Saft davon
1	Salatgurke
½ Becher	Schlagsahne
	Pfeffer, weißer, aus der Mühle
1 Bund	Dill, gehackt

Kartoffeln schälen, waschen und in kleine Würfel schneiden. Zwiebel ebenfalls schälen und würfeln, dann im heißen Fett glasig braten. Kartoffeln zufügen und kurz mitdünsten, aber keine Farbe nehmen lassen.

Brühe angießen, Mit Lorbeer, Nelken, Wacholderbeeren und Pfefferkörnern würzen und bei mittlerer Hitze 10 - 15 Minuten köcheln lassen.

Fischfilet abspülen, trocken tupfen, mit Zitronensaft beträufeln und 10 Minuten ziehen lassen.

Gurke schälen, der Länge nach halbieren, entkernen und würfeln. Fischfilet in mundgerechte Würfel schneiden, mit der Gurke zu den Kartoffeln geben und in 10 Minuten bei sanfter Hitze garen.

Die Sahne unterziehen, das Gulasch mit Pfeffer abschmecken und mit dem gehackten Dill bestreuen.

Fisch mit Senfsoße

400 g	Fischfilet, frisch oder TK
	Pfeffer
½	Zitronen, Saft davon
180 g	Sahne
100 g	Crème fraîche mit Kräutern
35 g	Senf
1 EL	Dill
2 EL	Petersilie
1 EL	Paniermehl

Frische Fischfilets von beiden Seiten pfeffern. TK-Fisch vorher auftauen und gut abtropfen lassen, damit die Soße nicht verwässert wird. Eine Auflaufform fetten. Den Fisch hineinlegen und mit Zitronensaft beträufeln.

Den Herd auf 200 °C Ober-Unterhitze vorheizen. Die Soßenzutaten in einer Schüssel miteinander verrühren und über den Fisch geben.

Die Fischfilets ca. 30 Minuten im vorgeheizten Ofen garen. Falls sie zu dunkel werden sollten, die Fischfilets zwischendurch abdecken.

Fisch mit Kräutersoße

400 g	Fischfilet (Empfehlung: Seelachst oder Kabeljau)
1 EL	Sonnenblumenöl
50 g	Butter
1	Zwiebel
30 g	Semmelbrösel
2 EL	Petersilie, gehackt
4 EL	Kräuter, TK
	Pfeffer
150 ml	Fischbrühe

Die Fischfilets waschen, trocken tupfen und pfeffern. Die Zwiebel in fein würfeln schneiden. In Öl mit Butter anbraten.

Mit Semmelbröseln und Kräutern vermengen. 50 ml von der Brühe zu der Mischung geben. Die restlichen 100 ml mit in die Auflaufform gießen.

Die Mischung aus Zwiebeln, Kräutern, Paniermehl usw. auf den Fisch bröseln. Mit einer Alufolie abdecken und bei 250 Grad 15 Minuten in den Backofen schieben.

Nach den 15 Minuten die Alufolie entfernen damit die Kruste ihre braune Färbung annimmt. Aufpassen, dass es nicht zu dunkel wird.

Scharfes Brokkoli Fisch Curry

1	Brokkoli
400 g	Fischfilet, z. B. Seelachs
1	Zwiebel
1	Knoblauchzehe
1 Stück	Ingwer, daumengroß
1 EL	Currypaste, rot
200 ml	Orangensaft
200 ml	Wasser
1 TL, gehäuft	Gemüsebrühe, gekörnt
1 Dose	Kokosmilch
	Currypulver, scharf
	Chiliflocken

Den Brokkoli in Röschen zerteilen, einige Minuten in kochendem Salzwasser blanchieren, in einem Sieb abgießen und abschrecken.

Orangensaft, Gemüsebrühe und Curry-Paste miteinander verrühren. Zwiebel in Spalten schneiden, Knoblauch und Ingwer fein hacken.

Zwiebel in einer tiefen Pfanne glasig andünsten, danach Knoblauch und Ingwer hinzugeben, kurz mitdünsten schließlich mit der Soße ablöschen.

Aufkochen und die Flüssigkeit ein wenig reduzieren lassen, dann den Herd auf niedrige Stufe einstellen und Kokosmilch zugeben. Umrühren, bis sich alles gut durchmischt hat. Mit Pfeffer, Chili und Curry abschmecken.

Fisch in mundgerechte Stücke zerteilen und zusammen mit dem Brokkoli in die Soße geben. Bei niedriger Hitze ziehen lassen, ohne zu kochen, bis der Fisch gar ist.

Forellen im Zwiebelbett

2	Forellen
½ kg	Zwiebeln
n. B.	Kräuter, frische
1 Becher	saure Sahne
	Zitronensaft
	Pfeffer, schwarzer

Die Zwiebeln schälen und in dünne Ringe schneiden. Anschließend Öl in einer Pfanne erhitzen und die Zwiebelringe so lange darin anbraten, bis sie Farbe angenommen haben.

Den Boden einer Auflaufform oder einer Fettpfanne mit den gebratenen Zwiebelringen als Schicht bedecken. Pfeffer darüber mahlen.

Die Fische küchenfertig vorbereiten, groben Pfeffer in die Bauchhöhle mahlen und verteilen.

Die Kräuter waschen, trocknen und die Bauchhöhle damit füllen. Die Fische aufrecht auf das Zwiebelbett setzen und in den auf 200° Grad vorgeheizten Ofen schieben.

Die Gar Dauer hängt von der Größe der Fische ab. Portionsforellen benötigen ca. 20 Minuten. Wenn man merkt, dass die Fische bald gar sind (also noch 5-10 Minuten brauchen), die saure Sahne über die Fische geben.

Kurkuma Fisch mit Reis

3 Zehen	Knoblauch
1	Zwiebeln
3 EL	Öl
1 TL	Kurkuma
3 TL	Kokosraspel
1 TL	Gewürzmischung (Garam Masala)
2 TL	Zitronensaft
3	Tomaten
500 g	Rotbarschfilet
1 EL	Butter
150 g	Reis
400 ml	Wasser oder Gemüsebrühe

Öl erhitzen. Knoblauch und Zwiebel schälen, fein hacken und im Öl anbraten. Kurkuma, Kokosflocken und Garam Masala zugeben und vorsichtig mit anbraten.

Mit Zitronensaft ablösen. Enthäutete und gewürfelte Tomaten zugeben und 5 Minuten rühren.

Rotbarsch waschen und in mundgerechte Stücke schneiden. In die Sauce geben, einmal aufkochen und dann bei kleiner Hitze ca. 10 Minuten garen lassen.

Reis mit der Butter anzuschwitzen, mit 400 ml Wasser oder Gemüsebrühe ablöschen und 20 Minuten garen. Reis mit dem Fisch anrichten.

Fisch Pesto

4	Schalotten
1	Knoblauchzehe
2 EL	Öl
5 EL	Pesto, rot
	Pfeffer
	Chilipulver
4 große	Tomaten
	Fett für die Form
6 Port.	Seelachsfilet (gesamt ca. 800 g)
½ Bund	Basilikum

Schalotten und Knoblauch schälen, fein würfeln und im heißen Öl glasig anschwitzen. Den Pesto unterrühren und die Mischung mit Pfeffer und Chilipulver abschmecken.

Die Tomaten waschen, in Scheiben schneiden und in einer gefetteten Auflaufform verteilen.

Die Fischfilets waschen, trocken tupfen und auf die Tomaten legen. Mit dem Zwiebel Pesto bestreichen.

Das Basilikum waschen, die Blättchen abzupfen und darüber streuen. Im vorgeheizten Ofen bei 200°C ca. 25 Minuten backen.

Fisch mit selbstgemachter Kruste

3 große	Zwiebeln
12	Fischfilet (je 150 g)
	Pfeffer
125 g	Butter, weich
2 EL	Senf, körniger
2 EL	Senf, scharfer
125 g	Emmentaler, gerieben
80 g	Semmelbrösel
3 EL	Kräuter, gehackt
	Fett für das Blech

Die Zwiebeln fein würfeln. Die Fischfilets unter fließendem kalten Wasser abspülen, trocken tupfen, mit Pfeffer bestreuen und auf ein gefettetes Backblech legen.

Die Butter mit den beiden Senfsorten, Käse, Zwiebeln, Semmelbröseln und Kräutern zu einer Paste verrühren.

Die Paste auf die Fischfilets streichen und bei 180°C ca. 20 - 30 Minuten backen.

Ananas Fisch Curry

3	Fischfilets
400 ml	Kokosmilch
200 ml	Schmand
1 große	Karotte
2 Stangen	Lauch
1 Dose	Ananasstücke
	Curry
	Gemüsebrühe Pulver
	Pfeffer

Fisch in Würfel schneiden und anbraten. Lauch in schräge Streifen schneiden, zum Fisch in den Wok geben.

Die Karotte fein zerkleinern und mit in die Pfanne geben. Kurz anbraten, dann die Ananasstücke dazugeben.

Wenn Fisch und Gemüse gar sind, die Kokosmilch und den Schmand dazugeben. Mit Pfeffer, Gemüsebrühe Pulver und Curry abschmecken und nur noch heiß werden lassen.

Pikanter Fisch aus dem Backofen

1 EL	Olivenöl
1	Fischfilet, ca. 200g
1	Knoblauchzehe
1	Zwiebel, rote
½	Peperoni, rote
2	Tomaten
½	Zitronen, abgeriebene Schale und Saft
1 TL	Rosmarin, gehackt
1 TL	Oregano, getrocknet
n. B.	Pfeffer

Den Backofen auf 180 Grad Umluft vorheizen. Den Fisch abwaschen, trockentupfen und pfeffern. In eine Auflaufform legen. Die Knoblauchzehe in dünne Scheiben schneiden, die Zwiebel schälen, halbieren und in Streifen schneiden. Die Peperoni halbieren, die Kerne entfernen und die Peperoni in dünne Streifen schneiden.

Die Tomaten in kochendes Wasser legen, nach 30 Sekunden aus dem Topf nehmen und abschrecken. Dann schälen, vierteln, das Kerngehäuse entfernen und die Tomaten in kleine Würfel schneiden.

Nun Knoblauch, Zwiebeln, Peperoni nach Geschmack, Tomaten, Zitronenschale und etwas Saft, Rosmarin und Oregano mit dem Olivenöl mischen und auf dem Fischfilet verteilen. Mit der Pfeffermühle Pfeffer darüberstreuen.

Nun die Auflaufform mit Alufolie abdecken und den Fisch im Backofen bei 180 Grad ca. 15 - 20 Minuten garen. Anschließend auf einem Teller anrichten.

Fisch Paella

8 große	Gambas
250 g	Gambas, kleine
300 g	Muscheln
500 g	Hähnchenbrustfilet, gewürfelt
2	Paprikaschoten, rot
6	Tomaten, gewürfelt
2	Zwiebeln, gewürfelt
300 g	Rundkorn Reis
1 Zehe	Knoblauch, grob gehackt
2 EL	Tomatenmark
100 g	Erbsen, TK
1 Liter	Fischbrühe
1 TL	Kurkuma
etwas	Pfeffer
1 Dose	Safran
6 EL	Olivenöl
2	Zitronen

Die Gambas und die Muscheln auftauen, säubern und beiseite stellen.

Hähnchen, Paprika, Tomaten und Zwiebeln in einer Pfanne mit Olivenöl scharf anbraten.

Dann den Reis kurz darin anschwitzen, 2/3 der Brühe hinzufügen und Knoblauch, Tomatenmark, Erbsen und den Gewürze dazugeben.

15 Minuten bei geschlossenem Deckel köcheln lassen. Wie beim Risotto immer ein wenig von der restlichen Brühe nachgießen.

Die kleinen Gambas untermischen. Die großen Gambas mit den Muscheln dekorativ obendrauf setzen und weitere fünf Minuten leicht köcheln lassen. Mit Zitronenspalten servieren.

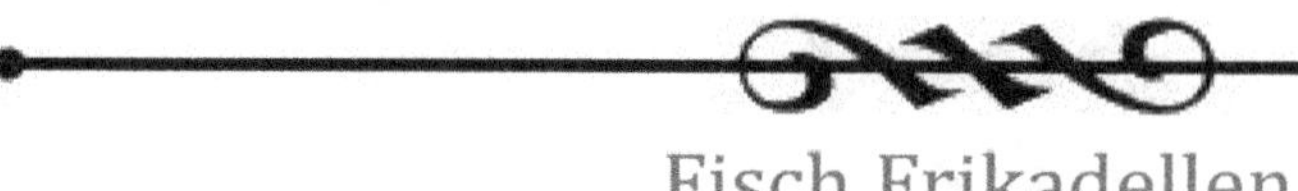

Fisch Frikadellen

500 g	Fisch, Reste, gegart
3	Eier
2 EL	Dill, gehackt
1 TL	Kapern, gehackt
	Pfeffer
1 Spritzer	Zitrone
2	Eier
	Semmelbrösel
	Öl

Gekochten Fisch von den Gräten lösen. Mit der Gabel fein pürieren. Nun drei Eier dazugeben, es soll eine eher feuchte Masse entstehen. Mit Pfeffer, gehackten Kapern, Zitrone und Dill herzhaft abschmecken.

Zwei Eier mit Pfeffer in einem tiefen Teller verquirlen. Einen tiefen Teller mit Semmelbröseln füllen. Aus der Fischmasse kleine flache Frikadellen formen. Die Fischfrikadellen zuerst im Ei wenden, dann in die Semmelbrösel geben und panieren. Diesen Vorgang noch einmal wiederholen. Dies garantiert eine dicke herzhaft Panade.

Die Frikadellen entweder frittieren oder in reichlich Öl in der Pfanne goldbraun braten. Dazu das Öl auf kleiner bis mittleren Stufe erhitzen und die Frikadellen eher langsam braten.

Nicht zu viele Frikadellen in die Pfanne geben, da sonst das Öl zu sehr abkühlt. Die fertigen Frikadellen auf einen warmen Teller mit Küchenpapier ausgelegt geben. Mit Alufolie abdecken. Warm halten, bis die restlichen fertig sind.

Gurken Fisch Ragout

2	Salatgurken
2	Zwiebeln
30 g	Butter
20 g	Mehl
¼ Liter	Brühe
125 g	Crème fraîche
2 EL	Senf, körnig
400 g	Fischfilet
1 EL	Zitronensaft
1 Bund	Dill

Die Salatgurken schälen, halbieren und entkernen. Dann die Hälften in Stücke schneiden. Die Zwiebeln pellen, würfeln und in Butter anschwitzen. Die Gurken zu den Zwiebeln geben, kurz dünsten.

Das Mehl darüber stäuben, etwas anschwitzen lassen, dann mit Brühe und Creme fraîche ablöschen. Den Senf unterrühren, die Gurken mit Pfeffer würzen.

Das Fischfilet waschen, in Streifen schneiden, mit Pfeffer und Zitronensaft würzen und mit den Gurken zugedeckt 4 Minuten garen.

Den Dill hacken und unter das Ragout rühren.

Orangen Fisch Pfanne

4	Rotbarschfilets
500 g	Fenchel
4	Lauchzwiebeln
3	Orangen, unbehandelt
300 ml	Schlagsahne
2 EL	Pinienkerne
	Pfeffer
	Zitronensaft
2	Knoblauchzehen
2 EL	Butter
2 EL	Öl

Fenchel in dünne Scheiben schneiden. Lauchzwiebeln würfeln und mit Knoblauch und Fenchel in Butter dünsten. Pfeffer, Muskat zufügen. Pinienkerne rösten.

Fisch anbraten und anschließend warm stellen.

Orangensaft von 2 Orangen, Orangenschale und Sahne in die Pfanne zugeben. Sherry und die Bratbutter vom Fisch zugeben und würzen.

Restliche Orange in Scheiben schneiden und mit dem Fisch zusammen zur Soße geben. Pinienkerne drüberstreuen.

Zucchini Fisch Pfanne

600 g	Seelachsfilet
400 g	Zucchini
1	Zwiebel
2 Zehen	Knoblauch
1 Dose	Tomaten, geschälte
etwas	Petersilie bei Bedarf
etwas	Zitronensaft bei Bedarf

Das Fischfilet zuerst abwaschen und dann in Würfel schneiden. Wer will, kann den Fisch mit etwas Zitronensaft mischen und schon pfeffern.

Die Zucchini waschen und in Scheiben oder Streifen schneiden. Zwiebeln schälen und klein schneiden. Knoblauchzehen schälen und klein hacken.

Als erstes die Zucchini in eine Pfanne mit etwas erhitztem Öl geben und ca. 3-4 Minuten anbraten.

Anschließend Zwiebeln und Knoblauch dazugeben und kurz mit anbraten. Dann die geschälten Tomaten zufügen und das Ganze etwa 5 Minuten köcheln.

Nun den Fisch auf das Gemüse legen, die Pfanne mit einem Deckel schließen und den Fisch bei schwacher Hitze gut 5 Minuten garen. Noch mit Pfeffer abschmecken.

Vor dem Anrichten dann den Fisch noch vorsichtig unterheben.

Fisch Frikassee

400 g	Fisch, z.B. Kabeljau
400 g	Gemüse, gemischt, z.B. Mais, Erbsen, Möhren
1 EL	Butter
1 EL	Mehl
100 ml	Milch
	Pfeffer
	Zitronensaft

Den Fisch in 2 cm breite Stücke schneiden und gemeinsam mit dem Gemüse bei niedriger Temperatur in leicht gesalzenem Wasser kochen.

Dann eine Mehlschwitze zubereiten: Die Butter schmelzen, dann mit einem Schneebesen das Mehl einrühren. Wenn das glatt gerührt ist, 1-2 Kellen von der Kochflüssigkeit dazugeben und so lange rühren, bis keine Klümpchen mehr da sind.

Das dauert einen Moment. Nach und nach Flüssigkeit dazugeben, bis die Sauce noch ein wenig zu dick ist. Als letztes die Milch dazugeben, ebenfalls verrühren.

Fisch und Gemüse dazugeben und mit Pfeffer und Zitronensaft abschmecken.

Sauerkraut Fisch Auflauf

1 große	Zwiebel
1	Paprikaschote, rote
1 EL	Öl
850 ml	Sauerkraut
500 g	Kabeljaufilets
125 g	süße Sahne
	Pfeffer, weißer
	Petersilie zum Garnieren
	Paprikapulver, edelsüß
	Zitronensaft

Backofen auf 200°C vorheizen. Die Zwiebel halbieren, in Streifen schneiden. Die Paprikaschote entkernen, die weißen Häute herausschneiden und ebenfalls in Streifen schneiden.

Die Zwiebel- und Paprikastreifen in dem Öl anbraten, das Sauerkraut hinzufügen, mit Pfeffer würzen, bei starker Hitze ca. 10 Min. schmoren.

Den Fisch waschen und anschließend trockentupfen, ggf. die Filets teilen. Dann mit Zitronensaft beträufeln.

Das Sauerkraut abschmecken und in eine Auflaufform füllen, den Fisch darauflegen. Die Sahne mit dem Paprikapulver würzen und über den Fisch gießen.

Im vorgeheizten Backofen bei 200° (Umluft ca. 180°) ca. 20 Min. garen. Vor dem Servieren mit Petersilie bestreuen.

Türkische Pide mit Sucuk

600 g	Mehl
1 Pck.	Trockenhefe
250 ml	Wasser, lauwarm
4 EL	Joghurt
4 EL	Olivenöl
400 g	Käse (Kasar), gerieben
1	Ei
20 Scheiben	Sucuk

Für den Teig die Hefe mit dem Wasser verrühren und fünf Minuten stehen lassen. Danach zum Mehl geben und gemeinsam mit Joghurt, und Öl in ca. sieben Minuten kneten.

Eine Schüssel mit Öl ausfetten und den Teig dort hineingeben. Die Oberfläche ebenfalls mit Öl benetzen. Den Teig bei Zimmertemperatur 60 Minuten gehen lassen.

Den Teig anschließend in zwei Teile schneiden und alle Teile jeweils zu einer Kugel kneten.

Auf einer bemehlten Arbeitsfläche jede Kugel oval ausrollen. Die fertigen Stücke auf ein Backblech legen. Reichlich mit Käse belegen und zu Schiffchen formen.

Auf den Käse kommen noch einige Scheiben Sucuk. Die Ränder des Teigs mit dem verquirlten Ei bestreichen.

Dann kommt alles bei 200 °C Ober-/Unterhitze für ca. 15 Minuten in den vorgeheizten Backofen.

Türkischer Bulgursalat

250 g	Bulgur, fein
1 Bund	Frühlingszwiebeln
3 große	Tomaten
2	Peperoni, frische
½ Bund	Petersilie, glatte
2 EL	Tomatenmark
etwas	Zitronensaft
50 ml	Öl
1 TL	Chiliflocken
	Pfeffer
	Salat

Zunächst den Bulgur in einer Schüssel mit kochend heißem Wasser übergießen, so dass das Wasser 1-2 cm übersteht und quellen lassen.

In der Zwischenzeit die Tomaten in kleine Würfel schneiden. Die Frühlingszwiebeln in ½ cm dicke Ringe schneiden, dabei die dunkelgrünen Enden weg lassen. Die Peperoni fein hacken und alles Gemüse zum gequollenen Bulgur geben. Jetzt die Petersilienblätter hacken.

In einer kleineren Schüssel etwa 50 ml Öl mit dem Saft von einer halben bis ganzen Zitrone , Tomatenmark, 1 Teelöffel Pfeffer, Petersilie und nach Belieben Chiliflocken gut verrühren, bis das Tomatenmark sich gut aufgelöst hat.

Das Dressing jetzt über Bulgur und Gemüse gießen und alles gut vermischen und nochmal mit Zitronensaft abschmecken.

Der Salat sollte vor dem Servieren mindestens eine halbe Stunde durchziehen.

Pogca Brötchen mit Schafskäse

125 g	Butter, weiche
50 ml	Wasser, lauwarmes
5 EL	Öl
2	Eier
1 Pck.	Trockenhefe
300 g	Mehl
200 g	Schafskäse

Alle Zutaten außer Mehl und Eigelb in die Rührschüssel geben und miteinander vermischen. Mehl nach und nach hineingeben und den Teig kneten. Den Teig an einem warmen Ort ca. 40 Minuten gehen lassen.

Den Käse mit einer Gabel zerdrücken. Aus dem Teig kleine Bällchen vorbereiten, so groß wie eine Zitrone. Die Bällchen rund ausrollen, jeweils etwas Käse in die Mitte geben, die Seiten darum schließen und die Rollen ein bisschen platt drücken. Die Verschluss-Seite kommt nach unten.

Das Eigelb verrühren und das Gebäck damit bestreichen. Mit einer Gabel Linien in das Gebäck streichen. Auf dem Blech noch weitere 15 Minuten gehen lassen.

Im vorgeheiztem Ofen bei 180 °C goldbraun backen, das dauert 20 - 30 Minuten.

Libanesische Spinat Taschen

500 g	Mehl
250 ml	Wasser, lauwarmes
100 ml	Öl
½ Würfel	Hefe, frische
500 g	Spinat, frisch oder TK
2 große	Zwiebeln
50 ml	Öl
	Pfeffer
½ TL	Sumach
	Zitronensaft

Bereiten Sie einen Teig, indem Sie alle Zutaten zusammen in einer Schüssel vermengen. Kneten Sie den Teig, bis er schön geschmeidig wird. Geben Sie etwas Öl auf die Oberfläche des Teiges. Bedecken sie ihn mit Frischhaltefolie und 1 - 2 dicken Handtüchern. Stellen Sie den Teig für ca. 25 Minuten zur Seite.

Bereiten Sie zwischendurch die Füllung, indem sie frischen Spinat gut waschen und klein schneiden. TK Spinat nur klein schneiden. Die Zwiebeln auch klein schneiden und zum Spinat geben. Kneten sie den Spinat mit den Zwiebeln so lange, bis ein Saft entsteht.

Schütten Sie den Saft weg, damit er nicht im Ofen ausläuft. Dann schmecken Sie mit Zitronensaft, Öl, Pfeffer und Sumach ab und kneten noch etwas.

Rollen sie den Teig aus und stechen Sie Kreise, so groß wie eine Untertasse, ab. Legen Sie etwas trockene Spinatfüllung in die Mitte jedes Teiges und drücken Sie etwas an.

Den Rand jeden Kreises an 3 Punkten in gleichem Abstand zwischen Daumen und Zeigefinger fassen und zusammendrücken, sodass eine Art Dreieck entsteht, und ein kleiner Rand gebildet wird, aus dem die Füllung nicht auslaufen kann. Legen Sie die Teilchen auf ein mit Backpapier belegtes Blech und backen sie im vorgeheizten Ofen bei 200 °C 20 - 25 Minuten, bis sie goldbraun werden.

Krautsalat nach libanesischer Art

2	Knoblauchzehen
100 ml	Zitronensaft, frisch gepresster
100 ml	Olivenöl
400 g	Weißkohl, Strunk entfernt, in dünne Streifen
3 EL	Minze, frische, in dünne Streifen
3 EL	Kümmel

Die Knoblauchzehen im Mörser zu einer Paste verarbeiten, dann langsam den Zitronensaft hineinrühren.

Die Sauce in eine große Schüssel geben und nach und nach das Olivenöl darunter schlagen, bis das Dressing emulgiert ist.

Den Kohl, die Minze und den Kümmel hinzufügen und den Krautsalat gründlich mischen.

Griechische Tsatsiki Creme

1	Salatgurke
2 Becher	Joghurt, griechischer
1 Becher	Sahnequark, 40% Fett
	Dill
4 Zehen	Knoblauch
	Olivenöl
	Kräuteressig

Die Gurke schälen, dann klein reiben. Gut ausdrücken und den Saft wegschütten oder anderweitig verwenden.

Den griechischen Joghurt mit dem Quark und der Gurke mischen.

Den Knoblauch dazu pressen, je nach Geschmack kann man mehr oder weniger Knoblauchzehen nehmen.

Mit Dill würzen und mit Olivenöl, Essig, Pfeffer abschmecken.

Griechischer Eintopf

1	Paprikaschoten, gewürfelt
1 große	Zucchini, gewürfelt
120 g	Griechische Reisnudeln
1	Tomate, gewürfelt
500 ml	Gemüsebrühe
2 TL	Öl, neutral
60 ml	Kondensmilch, fettarme
	Kräuter, TK

Zucchini und Paprika im Öl anbraten. Mit Gemüsebrühe und Tomate ablöschen und umrühren. Die Reisnudeln hinzufügen und alles etwa 15 min auf mittlerer Stufe köcheln lassen.

Gegebenenfalls noch etwas Wasser hinzufügen. Kondensmilch unterrühren und mit den Kräutern und Gewürzen abschmecken.

Lässt sich prima wieder aufwärmen und kann beliebig mit Fleisch kombiniert werden.

Russische Piroggen mit Füllung

350 g	Mehl
1 kleines	Ei
130 ml	Wasser, lauwarm
600 g	Kartoffeln
250 g	Quark
1 große	Zwiebel
1 EL	Butter
	Pfeffer, grob gemahlener
2 EL	Griebenschmalz
200 ml	saure Sahne

Für die Füllung die Kartoffeln schälen, waschen und in Salzwasser gar kochen. Die heißen Kartoffeln zu einer glatten Masse verarbeiten. Die Zwiebel hacken und in 1 EL Butter goldgelb rösten.

Den Quark glatt rühren. Kartoffeln, Quark und die Zwiebeln zusammen mit dem Fett in eine Schüssel geben, sehr gut glatt verrühren und mit Pfeffer abschmecken. Der Teig soll keine Quark- oder Kartoffelklümpchen enthalten.

In eine große Schüssel das Mehl, das Ei und Wasser geben und einen glatten Teig kneten. In 2 Portionen teilen. Dann den Teig auf einer bemehlten Arbeitsfläche dünn ausrollen.

Mit einem Glas Kreise von 7 - 8 cm Durchmesser ausstechen. In die Mitte von jedem Teigkreis einen gehäuften Teelöffel Füllung geben, dann den Teig zu Halbmonden umklappen und die Ränder sorgfältig andrücken.

Die Piroggen in reichlich siedendem Wasser in einem flachen Topf kochen. Vorsichtig umrühren und wenn sie an der Oberfläche schwimmen, noch 2 - 3 Minuten kochen lassen. Mit einem Schaumlöffel heraus nehmen.

Borschtsch – Rote Beete Suppe

400 g	Suppenfleisch, gemischtes
1 große	Möhre
1 große	Zwiebel
200 g	Weißkohl
3	Kartoffeln
2 EL	Butter
2 große	Tomaten
1	Lorbeerblatt
4 TL	saure Sahne
1 Prise	Pfeffer, schwarzer, frisch gemahlen
1 EL	Dill, frischer, gehackter
1 EL	Petersilie, frische, gehackte
1 große	Rote Bete
⅛ Liter	Brühe
2 Liter	Wasser

Das Fleisch waschen, trocken tupfen und in 2 l Wasser bei schwacher Hitze aufkochen. Den Schaum abschöpfen, bei mittlerer Hitze etwa 2 Stunden ziehen lassen. Das Fleisch herausnehmen. Die Kochbrühe aufheben.

Die Rote Bete, die Möhre und die Zwiebel schälen und in Würfel schneiden. Den Weißkohl putzen und in dünne Streifen schneiden. Die Butter erhitzen und das Gemüse darin anbraten.

Etwa 1/8 Liter Brühe dazugeben und alles etwa 10 Minuten bei schwacher Hitze dünsten. Die geschälten und in Scheiben geschnittenen Kartoffeln und das Lorbeerblatt hinzufügen. Die restliche Kochbrühe durch ein Sieb da zugießen und alles etwa 30 Minuten kochen.

Die Tomaten mit heißem Wasser überbrühen, häuten und klein schneiden, Dill und Petersilie zum Borschtsch geben und diesen mit Pfeffer würzen. Nun das Fleisch klein schneiden und ebenfalls zur Suppe geben.

Den Borschtsch in die Teller füllen und je einen Löffel saure Sahne in die Mitte geben.

Leberpastete nach dänischer Art

750 g	Leber (Schwein oder Kalb), gehackt
500 g	Speck, gehackt
80 g	Butter
8 EL	Mehl
600 ml	Milch
4 EL	Zwiebeln, geriebene
1 EL	Pfeffer
3	Eier

Die Butter in einem Topf schmelzen und das Mehl unterrühren. Die Milch langsam unter Rühren dazugeben, dabei entsteht eine dicke Béchamelsauce.

Den Speck hinzufügen und ihn in der Sauce zerlassen. Danach die Zwiebel, den Pfeffer dazu geben.

Den Topf vom Herd nehmen und das ganze etwas abkühlen lassen. Dann die Leber zugeben. Danach die Eier zusammenrühren und unter die Masse geben.

Die Pastete nun am besten in kleine Aluformen füllen.

Zum Fertigbacken setzt man die Formen in ein Wasserbad in den vorgeheizten Ofen. Dort backen sie bei 175°C ca. eine Stunde lang. Fertig gebacken hält sich die Pastete ca. eine Woche im Kühlschrank.

Indisches Naan Brot

500 g	Mehl
150 ml	Milch, lauwarme
2 TL	Trockenhefe
1 TL	Backpulver
2 EL	Pflanzenöl
150 ml	Vollmilchjoghurt, leicht geschlagen
1 großes	Ei

Milch in eine Schüssel gießen und Hefe einrühren. An einem warmen Ort ca. 20 Minuten ruhen lassen, bis die Hefe sich aufgelöst hat und die Mischung schaumig wird.

Das Mehl in eine große Schüssel geben, Backpulver untermischen. Die Milch mit der aufgelösten Hefe, 2 EL Pflanzenöl, den leicht geschlagenen Joghurt und das leicht geschlagene Ei zufügen. Alles gut 10 Minuten durchkneten, bis der Teig glatt und geschmeidig ist.

1/4 TL Öl in eine Schüssel geben und die Teigkugel darin herumrollen. Die Schüssel mit Frischhaltefolie bedecken und den Teig an einem warmen Ort 1 Stunde gehen lassen, so dass er sich verdoppelt.

Den Teig erneut durchkneten, in 6 gleich große Kugeln teilen und mit einem Tuch bedecken. Die erste Kugel mit etwas Mehl dünn auswallen, entweder tropfenförmig oder rund. Im Gasofen die große Flamme auf volle Leistung aufdrehen und eine Crêpes-Pfanne oder eine andere große beschichtete Pfanne sehr heiß werden lassen.

Erst, wenn die Pfanne sehr heiß ist, den Fladen draufgeben. Auf einer Seite braten, bis er Blasen wirft. Dann noch kurz umdrehen und die andere Seite kurz bräunen.

Hähnchenpfanne nach indischer Art

400 g	Hähnchenfilets
400 g	Spinat
2 große	Zwiebeln
3 Zehen	Knoblauch
2 Becher	Sahne
8 EL	Curry
3 EL	Paprikapulver, scharf
1 TL	Kreuzkümmel
1 Msp.	Kardamom
	Olivenöl
	Pfeffer
200 g	Erbsen, junge, tiefgekühlt
4 große	Tomaten

Das Hähnchen klein schneiden in mundgerechte Stücke, Zwiebel und Knoblauch fein hacken. Das Fleisch in Olivenöl kross anbraten, nacheinander Zwiebeln, Tomaten und Knoblauch mit anbraten, pfeffern.

Mit 5 EL Currypulver bestreuen und etwas anrösten. Mit der Sahne ablöschen. Paprikapulver, Kreuzkümmel und Kardamom zufügen und 25 Min. leise köcheln lassen.

Danach den Spinat hinzufügen und weitere 10 Min. köcheln lassen. Dann die Erbsen unterrühren und nochmals köcheln lassen.

Die Sauce sollte cremig sein und alles eine gute Homogenität haben. Das Gericht ist im indischen original sehr scharf. Wer das wünscht sollte am Schluss mit Tabasco abschmecken.

Malaiische Currykartoffeln

750 g	Kartoffeln
1 Becher	Crème fraîche
½ Becher	Kokosmilch
1 TL	Currypulver
1 TL	Gewürzpaste
n. B.	Rosmarin
n. B.	Oregano
½ TL	Kurkuma
½ TL	Koriander
3 EL	Tomatenmark
1 große	Zwiebel
1 Zehe	Knoblauch
2 EL	Ghee

Kartoffeln mit Schale in Würfel schneiden und kochen. Zwiebel schälen und fein hacken. Knoblauch ebenfalls schälen und durch eine Knoblauchpresse geben.

Ghee in einem Wok erhitzen, Zwiebeln und Knoblauch zugeben und glasig braten. Mit Kokosmilch und Crème fraiche ablöschen.

Harissa, Rosmarin, Oregano, Kurkuma, Koriander und Tomatenmark zugeben und etwas eindicken lassen.

Inzwischen die Kartoffeln abgießen und zu der Soße in den Wok geben. Gut mischen, so dass die Kartoffeln mit der Sauce bedeckt sind.

Dal – indisches Linsengericht

100 g	Linsen, rote
	Wasser, 250 - 500 ml
1	Zwiebel, geviertelt
1	Knoblauchzehe, kleingehackt
1 Scheibe	Ingwerwurzel, kleingehackt
2 kleine	Tomaten, geachtelt
2	Chilischoten, in ca. 5 mm Stücke geschnitten
½ TL	Kreuzkümmelpulver
¼ TL	Kurkumapulver
2 EL	Butter

Die gewaschenen und abgetropften Linsen mit dem Knoblauch, dem Ingwer, dem Kurkuma in 250 ml Wasser erhitzen und dann ca. 30 - 35 min. bei schwacher bis mittlerer Hitze köcheln lassen, bis sie weich sind.

Gegebenenfalls während des Köchelns etwas mehr Wasser hinzufügen, um ein Trockenlaufen der Linsen zu verhindern.

Die Butter in einer Pfanne erhitzen, darin die Chili zusammen mit dem Kreuzkümmel kurz anbraten und dann die Zwiebeln dazugeben. Sobald die Zwiebeln goldbraun sind, die Tomaten hinzufügen und etwas weiterbraten.

Zum Schluss die gekochten Linsen hinzugeben und ca. 5 - 10 min. weiterkochen lassen.

Cevapcici

500 g	Rinderhackfleisch
500 g	Hackfleisch, gemischt
2	Zwiebeln, rote
4 Zehen	Knoblauch
2 EL	Paprikapulver, scharf
2 EL	Paprikapulver, edelsüß
1 Bund	Petersilie
	Olivenöl
2 TL	Backpulver
3 EL	Paniermehl
3 EL	Wasser

Zwiebeln und Knoblauchzehen in klitzekleine Würfel schneiden, Petersilie fein hacken.

Das Hackfleisch unter Zugabe von 1 EL Olivenöl in eine ausreichend große Rührschüssel geben. Alle Zutaten dazugeben, mit dem Knethaken des Handmixers alles gut durchmischen und für die richtige Konsistenz etwas Wasser zufügen.

Den Teig mit, Pfeffer abschmecken und dann 24 Stunden im Kühlschrank ruhen lassen, damit alle Gewürze gut durchziehen können.

Den Teig in daumengroße Röllchen formen. In heißem Olivenöl braten, die Röllchen dabei öfter wenden, damit sie schön gleichmäßig gebräunt werden.

Schwedischer Erbseneintopf

300 g	Erbsen, gelb, getrocknet
2 Liter	Wasser
	Pfeffer, weißer
	Majoran
	Thymian
1	Zwiebel
1	Knochen aus der Schweineschulter
600 g	Schweineschulter ohne Knochen
1 Stange	Lauch
2	Karotten
150 g	Knollensellerie
1 Bund	Petersilie

Die Erbsen waschen und über Nacht einweichen. Am nächsten Tag im Einweichwasser mit den Gewürzen, der klein gehackten Zwiebel und dem Knochen zum Kochen bringen.

Nach gut einer Stunde leichten Köchelns die Schweineschulter und das klein geschnittene Gemüse zufügen und weitere 1,5 Stunden köcheln lassen.

Den Knochen entfernen. Das Fleisch herausnehmen, in Würfel schneiden und in die Suppe zurückgeben. Abschmecken und die klein gehackte Petersilie darüber streuen.

Lammragout nach italienischer Art

600 g	Lammfleisch ohne Knochen
80 g	Speck, durchwachsen
1	Zwiebel
2	Knoblauchzehen
	Olivenöl
	Butterschmalz
1 ½ EL	Mehl
200 ml	Fleischbrühe
200 ml	Rotwein, trockener
2 EL	Tomatenmark
1 Prise	Zimt

Das Lammfleisch in Würfel schneiden. Zwiebeln und Knoblauch fein würfeln. Den Speck in kleine Streifen schneiden.

In einem Bräter Zwiebeln und Speck in einer Mischung aus Öl und Butterschmalz gut anbraten, den Knoblauch dazugeben und kurz mitbraten, dann alles aus dem Bräter nehmen. Das Lammfleisch hineingeben und von allen Seiten scharf anbraten.

Die Zwiebelmischung wieder dazugeben alles mit dem Mehl bestäuben, kurz anschwitzen und dann mit Fleischbrühe ablöschen. Mit Pfeffer abschmecken, zudecken und auf kleiner Flamme schmoren. Gelegentlich umrühren.

Nach 30 Minuten den Rotwein angießen, das Tomatenmark einrühren und mit einer Prise Zimt würzen. Weitere 30 Minuten schmoren.

Kurz vor Ende der Garzeit den Deckel abnehmen und die Sauce etwas einkochen. Vor dem Servieren nochmal abschmecken.

Tortilla

500 g	Kartoffeln, vorwiegend festkochend
150 g	Zwiebeln
4	Eier
250 ml	Olivenöl

Die Kartoffeln schälen, in 1 cm kleine Würfel schneiden. Die Zwiebeln fein hacken.

Ca. 250 ml Olivenöl in einer Pfanne (24 cm Durchmesser) erhitzen und die Kartoffelwürfel zugeben. Die Kartoffeln sollten mit Öl gerade bedeckt sein. Die Temperatur auf mittlere Hitze zurückstellen und die Kartoffeln etwa 12 - 15 Minuten garen.

Die Zwiebeln in einer zweiten Pfanne mit ein wenig Olivenöl 10 - 15 Minuten glasig und goldbraun anschwitzen. Die Eier in einer Schüssel geben und mit einem Schneebesen kräftig schlagen.

Die Kartoffeln mit einem Sieb vom Olivenöl trennen. Kartoffeln und Zwiebeln zu den Eiern in die Schüssel geben und 3 - 5 Minuten ziehen lassen.

Ca. 2 - 3 Esslöffel Olivenöl stark erhitzen, die Tortilla Masse in die Pfanne geben und 2 Minuten braten. Wenn die Masse anfängt zu bräunen, die Tortilla mithilfe eines Tellers umdrehen.

Einfach den Teller auf die Tortilla legen und die Pfanne umdrehen, sodass die Tortilla auf dem Teller liegt. Dann die Tortilla in die Pfanne gleiten lassen. Von der Rückseite 1 Minute braten. Die Tortilla soll innen noch flüssig sein.

Spanischer Bohneneintopf

1 Tasse	Bohnen, weiß
1 große	Zwiebel, gewürfelt
2 Zehen	Knoblauch
2	Tomaten
2 EL	Tomatenmark
	Speck
1 ½ Liter	Wasser
	Thymian
500 g	Gemüse, gemischt
1	Chorizo, scharfe Wurst
	Gemüsebrühe, instant
	Pfeffer
	Paprikapulver

Bohnen über Nacht in genügend Wasser einweichen.

Zwiebeln, Knoblauch anbraten und Tomatenmark, Tomaten und Speck dazugeben.

Bohnen abseihen und hinzugeben, mit dem Wasser aufgießen. Würzen und 1 1/2 Std. leicht köcheln lassen.

Danach das kleingeschnittenen Gemüse und die Wurstscheiben hinzugeben, nochmals 20 min. köcheln lassen. Abschmecken und mit frischer Petersilie bestreuen.

Kotelett nach amerikanischer Art

4	Schweinekotelett
2 EL	Butter
2	Zwiebeln
1 TL, gestr.	Pfeffer
3 EL	Essig
3 EL	Zitronensaft
	Chiliflocken aus der Mühle
1 Msp.	Cayennepfeffer
2 TL	Senf
1 TL	Paprikapulver, geräuchert
1 ½ Tasse	Tomatenketchup
2 EL	Worcestersauce
1 Tasse	Wasser

Die Koteletts in eine feuerfeste Form legen. Den Backofen auf 200°C vorheizen. Zitronensaft, Essig und Pfeffer verrühren.

In einem kleinen Topf die Butter zerlassen und die Zwiebeln darin anbraten.Mit dem Zitronensaftgemisch ablöschen. Einmal aufkochen lassen und über die Koteletts gießen.

Das Tomatenketchup mit dem Wasser und der Worcestersoße verrühren. Die restlichen Gewürze mit dem Schneebesen gut untermischen.

Die Koteletts nun mit dieser Soße begießen und für ca. 50 - 60 Min. auf die mittlere Schiene in den Backofen geben. Wenn die Koteletts nicht von der Soße bedeckt sind, zwischendurch mit der Soße begießen.

Nudeln mit Lachs-Sahne-Soße

200 g	Lachs
1 Becher	Sahne
1 Becher	Kräuterfrischkäse
200 ml	Gemüsebrühe
1 TL, gehäuft	Streuwürze, körnig
1	Zwiebel
10 g	Butter
250 g	Nudeln
1 Prise	Kräuterlinge, Gartenkräuter

Die Zwiebel würfeln und den Lachs in kleine Stücke schneiden.

Butter in der Pfanne zerlassen, und die Zwiebeln darin anbraten. Den Lachs hinzufügen und mit anbraten. Mit der Sahne ablöschen und die Gemüsebrühe hinzufügen.

Den Kräuterfrischkäse unter Rühren darin schmelzen lassen. Streuwürze und Gartenkräuter hinzufügen und die Sauce aufkochen lassen. Kurz unter reduzierter Hitze köcheln lassen.

Die Nudeln bissfest kochen, abgießen und sofort mit der Sauce vermischen.

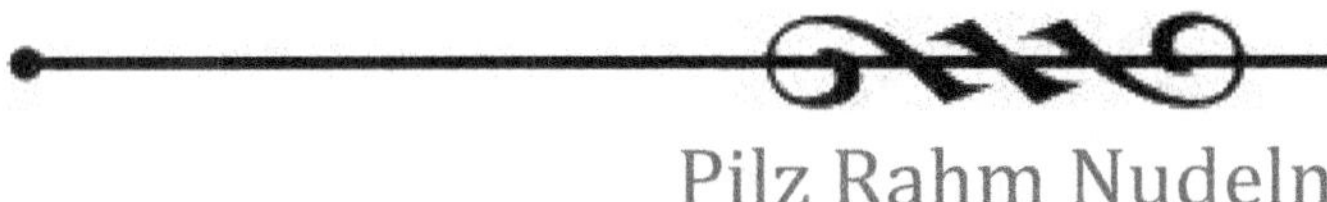

Pilz Rahm Nudeln

1	Zwiebel
200 g	Champignons
3 EL	Olivenöl
	Pfeffer
100 ml	Gemüsebrühe
200 ml	Schlagsahne
200 g	Nudeln
1 Dose	Linsen, 385 g Füllmenge
2 TL	Weißweinessig
3 EL	Petersilie, gehackt

Wasser zum Kochen bringen. Zwiebel klein würfeln. Champignons in Scheiben schneiden.

Beides in im heißem Olivenöl braten, mit Pfeffer würzen. Gemüsebrühe und Sahne hinzufügen, ohne Deckel etwa 5 Minuten einkochen.

Nudeln nach Packungsbeilage zubereiten. Die Linsen in der Dose abgießen, abspülen, zu den Champignons geben und aufkochen. Mit Pfeffer und 1 - 2 TL Weißweinessig würzen.

Nudeln abgießen, dabei 100 ml Kochwasser aufbewahren. Die Pasta mit der Soße mischen, ggf. etwas von dem Nudelwasser zugeben, mit der Petersilie bestreuen und sofort servieren.

Gebratene Nudeln mit asiatischem Gemüse

4	Karotten
¼	Spitzkohl
1 Stange	Lauch
140 g	Erbsen, TK
10	Mu-Err-Pilze
5 Spritzer	Sojasauce
1 Spritzer	Zitronensaft
200 g	Spaghetti ohne Ei
etwas	Öl
1	Chilischote
etwas	Ingwerpulver
etwas	Paprikapulver
	Pfeffer
	Currypulver

Die Mu-Err-Pilze in kaltem Wasser eine Stunde einweichen, anschließend 15 Minuten in wenig Wasser kochen. Die Spaghetti nach Packungsanweisung bissfest kochen.

Pilze, Karotten, Spitzkohl und Lauch klein schneiden.

Pilze und Karotten in heißem Öl anbraten, anschließend Kohl, Lauch und Erbsen dazugeben und mitbraten.

Die abgetropften Spaghetti dazugeben und auch kurz mitbraten. Mit klein geschnittener Chilischote oder Cayennepfeffer, Sojasauce, Zitronensaft, Ingwer, Paprika, Pfeffer und Curry abschmecken.

Mie-Nudeln Chinakohlsalat

¼ Tasse	Essig
2 EL	Sojasauce, dunkle
¾ Tasse	Öl
	Mie-Nudeln
100 g	Mandeln, gehobelte
2 EL	Sesam
etwas	Gemüsebrühe, instant
1	Chinakohl
1 Bund	Frühlingszwiebel
etwas	Butter

Die Sauce eine Tag vorher wie folgt zubereiten: Essig und Sojasauce in einen Topf geben und ca. 1 Min. kochen lassen. Anschließend abkühlen lassen und dann mit dem Öl gut vermischen. Vor Gebrauch nochmals gut schütteln.

Die Lage Mie-Nudeln im Gefrierbeutel zerkleinern. Zerkleinerte Mie-Nudeln, Mandeln und Sesam mit etwas Butter in der Pfanne leicht anbräunen. Etwas Brühe darüber streuen.

Den Chinakohl putzen und in dünne Streifen schneiden. Frühlingszwiebel putzen und in feine Ringe schneiden. Beides mit den angerösteten Zutaten mischen.

Erst kurz vor dem Servieren die Sauce unterrühren.

Nudel Hack Gratin

250 g	Hackfleisch
2	Zwiebeln
125 g	Nudeln
½ Becher	Sahne
¼ Liter	Gemüsebrühe
½ Becher	Schmand
50 g	Käse
½ EL	Tomatenmark

Backofen auf 200 Grad vorheizen.

Die Zwiebeln in kleine Stücke schneiden und mit dem Hackfleisch zusammen anbraten. Die Gemüsebrühe hinzugeben und kurz kochen lassen.

Den Schmand, die Sahne und das Tomatenmark hinzugeben und alles gut vermengen. Die Nudeln für ca. 1 Minute mit in die Pfanne geben und kurz köcheln lassen.

Alles in eine gefettete Auflaufform geben, Käse darüber streuen und ca. 35-40 Minuten in den Ofen stellen.

Zucchini Sahne Nudeln

250 g	Spirelli Nudeln
1 kleine	Zwiebel
2 große	Zucchini
2 TL	Butter
200 g	Schinken, gekocht
300 g	Sahne
	Paprikapulver

Nudeln wie gewohnt in Salzwasser bissfest kochen, abschrecken und in einem Sieb abtropfen lassen.

In der Zwischenzeit die Zwiebel schälen und fein würfeln. Zucchini waschen und grob raspeln. Dann die Butter in einer Pfanne erhitzen und die Zwiebelwürfel sowie die Zucchiniraspel darin andünsten.

Den Schinken in Streifen schneiden, in die Pfanne geben und leicht mit anbraten. Das Ganze mit der Sahne ablöschen und mit Paprikapulver und Pfeffer kräftig würzen.

Abgetropfte Nudeln untermischen und kurz durchziehen lassen. Vor dem Servieren nochmals abschmecken.

Thunfisch Nudel Auflauf

400 g	Nudeln
400 g	Thunfisch, Dose
3	Eier
250 ml	Sahne
200 g	Gouda, gerieben
	Kräutersalz
	Cayennepfeffer
	Zwiebelpulver
	Knoblauchpulver
	Curry

Nudeln nicht ganz bissfest garen, abtropfen lassen und mit kaltem Wasser abschrecken.

Thunfisch abtropfen lassen und mit einer Gabel zerpflücken.

Nudeln und Thunfisch mischen. Eier, Käse und Sahne verrühren und würzen und mit den Nudeln - Thunfisch mischen.

Masse in eine Form schichten und bei 180° ca. 25-30 Minuten überbacken.

Rigatoni mit Schafskäse und Tomaten

500 g	Rigatoni
250 g	Kirschtomaten
½ Glas	Oliven, schwarz, ohne Kerne
200 g	Schafskäse
	Olivenöl
	Pfeffer
2 Zehen	Knoblauch
	Basilikum, gehackt

Die Nudeln kochen. Den Boden einer großen Pfanne gut mit Olivenöl bedecken, erhitzen und die halbierten Knoblauchzehen darin glasig braten.

Tomaten, Schafskäse und Oliven würfeln, bzw. halbieren.

Die Nudeln abtropfen lassen und in die Pfanne geben, umrühren und alle anderen Zutaten dazugeben, vermischen und abschmecken. Kurz durchziehen lassen, so dass alle Zutaten erwärmt sind.

Nudel Würstchen Auflauf

400 g	Wiener Würstchen
500 g	Nudeln
1 Becher	Schmand
200 g	Käse, gerieben
2 große	Zwiebeln
5 EL	Ketchup
	Currypulver
	Paprikapulver
	Pfeffer
n. B.	Chilisauce, süße

Die Nudeln nach Packungsanweisung im Salzwasser kochen. Den Ofen auf 200°C (Ober-/Unterhitze) vorheizen.

Nebenbei die Würstchen in Scheiben schneiden und die Zwiebeln schälen und in halbe Ringe schneiden. Die Zwiebeln in einer Pfanne glasig braten und zur Seite stellen.

Nun die Soße aus Schmand, Ketchup und den Gewürzen zusammenrühren, je nach Geschmack.

Wenn die Nudeln so weit sind, abgießen und wieder in den Topf zurückgießen, dann die Soße und die Würstchen mit den Nudeln vermischen und in eine Auflaufform geben.

Anschließend die Zwiebeln gleichmäßig auf dem Gemisch verteilen und mit Käse bestreuen. Dann für 15 - 20 Minuten auf der mittleren Schiene überbacken.

Speckrahm Nudeln mit Pfifferlingen

250 g	Pfifferlinge, kleine
1	Zwiebel
75 g	Speck, durchwachsen, geräuchert,
250 g	Nudeln
1 EL	Mehl
¼ Liter	Brühe
200 g	Schlagsahne
½ Bund	Petersilie
1 EL	Öl

Pfifferlinge vorsichtig säubern und Zwiebel würfeln. Speck in feine Streifen schneiden. Die Nudeln nach Packungsanweisung kochen.

Speck in heißem Öl kross auslassen, Zwiebeln und Pfifferlinge zufügen und ca. 2 Min. mitbraten.

Mit Mehl bestäuben, kurz anschwitzen und mit Brühe und Sahne unter Rühren ablöschen und aufkochen.

Petersilie waschen und in feine Streifen schneiden. Soße abschmecken mit Pfeffer und die Hälfte der Petersilie drunter rühren.

Nudeln abgießen, gut abtropfen lassen und unter die Soße heben. Mit restlicher Petersilie bestreuen.

Nudeln Gemüse Pfanne

500 ml	Wasser
etwas	Pfeffer
1 Würfel	Brühe
4 Handvoll	Nudeln
4 Handvoll	Gemüse, gemischtes, tiefgefroren
150 g	Wurst, gewürfelt
1 Becher	Schlagsahne
etwas	Gouda
etwas	Oregano

Eine große beschichtete Pfanne erhitzen, bis der Deckel warm ist.

Wasser, Gewürze, Suppenwürfel, die noch nicht gekochten Nudeln sowie Gemüse und Wurst hineingeben und die Hitze auf die Hälfte reduzieren.

10 Minuten zugedeckt kochen. Danach umrühren und die Sahne dazugeben. 5 Minuten zugedeckt köcheln lassen.

Geriebenen Käse drüber streuen. Deckel drauf, bis der Käse geschmolzen ist.

Nudeln mit Garnelen und Spinat

300 g	Nudeln
	Salzwasser
150 g	Shrimps
150 g	Blattspinat
100 ml	Sahne
2 EL	Pesto, grünes
	Pfeffer
	Muskat
1 Handvoll	Parmesan, frisch gerieben

Salzwasser für die Nudeln aufsetzen. Diese zuerst kochen, sodass sie mit der Soße fertig werden.

Die Garnelen in einer großen Pfanne anbraten, den Blattspinat sowie das Pesto hinzugeben. Mit Sahne auffüllen, etwas Muskat dazu reiben. Mit Pfeffer und dem Parmesan abschmecken.

Dann die abgegossenen Nudeln zu der Soße geben. Alles gut vermengen und sofort servieren.

Schinken Parmesan Nudeln

3 EL	Olivenöl
400 g	Nudeln
1	Zwiebel, in feine Ringe
200 g	Champignons, in Scheiben
3 kleine	Zucchini, in Würfeln
1	Knoblauchzehe
150 g	Schinken, in Streifen
300 g	Crème fraîche
	Pfeffer
100 g	Parmesan

Nudeln kochen. Zwiebel, Champignons und Zucchini andünsten, Schinken zugeben und 2-3 Minuten köcheln.

Crème fraîche einrühren, weitere 2 Minuten erhitzen. Parmesan zugeben. Anschließend alles mit Pfeffer abschmecken.

Gemüse unter Nudeln mischen und kurz aufkochen.

Gyros Auflauf mit Nudeln

1.000 g	Gyros-Geschnetzeltes
250 g	Nudeln, z. B. Penne
500 g	Tomaten, passierte
400 g	Sahne
400 g	Schmelzkäse
1 Dose	Champignons
1 Pck.	Käse

Das rohe Gyrosfleisch und die ungekochten Nudeln sowie die abgetropften Champignons in einer flachen Auflaufform verteilen. Eine rechteckige Auflaufform wäre empfehlenswert.

Passierte Tomaten, Sahne und Schmelzkäse einmal kurz aufkochen lassen. Dann über dem Gyros-Nudel-Pilzgemisch gleichmäßig verteilen.

Bei 200 Grad im vorgeheizten Backofen 50 Minuten garen und dann den Reibekäse drüber streuen.

Dann noch mal 10-15 Minuten in den Ofen, bis der Käse eine schöne Kruste gebildet hat.

Nudeln mit Erdnusssoße und Hähnchenbrust

1 Glas	Sojabohnen
400 ml	Kokosmilch, ungesüßt
400 g	Hähnchenbrustfilets
3 EL	Erdnussbutter
1 Bund	Lauchzwiebeln
150 g	Nudeln
150 ml	Brühe
2 EL	Erdnussöl
	Sojasauce, dunkle
	Sambal Oelek

Lauchzwiebeln waschen, putzen und in Stücke schneiden.

Hähnchenbrustfilet waschen, trocken tupfen, klein schneiden. Öl im Wok erhitzen, Fleisch und Lauchzwiebeln darin ca. 3 Minuten anbraten.

Die Kokosmilch, Brühe, Erdnussbutter dazugeben mit Pfeffer würzen. Dann die Sojabohnen-Keimlinge mit hineingeben.

Sojasoße und Sambal Oelek einrühren, je nach Schärfe und Geschmack und das Ganze ca. 3 Minuten fertig garen. Mit den Nudeln vermischen.

Mozzarella Nudelsalat

250 g	Nudeln, z.B. Farfalle
250 g	Mozzarella
250 g	Kirschtomaten
200 g	Champignons
200 g	Rucola
60 g	Pinienkerne
7 EL	Kräuteressig
1 TL	Pfeffer
130 ml	Olivenöl
5 EL	Wasser
25 g	Basilikum

Nudeln in Salzwasser bissfest kochen und abkühlen lassen. Salatdressing aus Essig, Pfeffer, Olivenöl, Wasser und Basilikum ansetzen.

Erkaltete Nudeln 1-2 Stunden im Dressing ziehen lassen.

Mozzarella würfeln, Cocktailtomaten waschen und halbieren, Champignons säubern und klein schneiden. Rucola putzen und zerkleinern.

Alles zum Dressing geben. Am Schluss Pinienkerne in einer Pfanne rösten und über den Salat geben.

Nudeln mit marinierten Cherrytomaten

½ kg	Kirschtomaten
2	Knoblauchzehen
1 Bund	Basilikum
4 EL	Olivenöl
	Pfeffer
200 g	Frischkäse
400 g	Nudeln

Die Kirschtomaten je nach Größe halbieren oder achteln, mit gehacktem Basilikum, zerdrücktem Knoblauch, Pfeffer und Olivenöl mischen und durchziehen lassen.

In der Zwischenzeit die Nudeln bissfest kochen und abseihen.

Den Frischkäse in einer tieferen Pfanne oder einem Topf schmelzen lassen, die Tomaten samt der Marinade dazu mischen, nur heiß werden lassen und abschmecken.

Mit den Nudeln vermengen und sofort servieren.

Scharfe Nudeln mit Paprika Soße

2 TL	Olivenöl
1 große	Zwiebel
2	Knoblauchzehen
200 g	Putenbrust
2 große	Paprikaschoten
4 EL	Tomatenmark
etwas	Wasser
2 EL	Balsamico
2 TL	Gemüsebrühe Pulver
	Pfeffer
250 g	Nudeln
	Paprikapulver
	Tabasco

Das Olivenöl in einer Pfanne erhitzen.

Zwiebel und Knoblauch klein hacken, Paprika und Putenbrust in Würfel schneiden und alles im heißen Öl anbraten.

Das Tomatenmark kurz mit anrösten.

Mit etwas Wasser und dem Balsamico ablöschen. Die Gemüsebrühe zugeben und mit Pfeffer, Paprikapulver und Tabasco scharf abschmecken. Ca. 10 Minuten köcheln lassen.

Währenddessen die Nudeln al dente kochen und mit der Sauce servieren.

Mediterrane Kräuter Nudel Pfanne

300 g	Stangenbohnen
250 g	Cherrytomaten
200 g	Nudeln
4 EL	Parmesan, frisch gerieben
2	Knoblauchzehen
½ Tasse	Kräuter, frische
4 EL	Olivenöl
1 EL	Zitronensaft
	Pfeffer
	Gemüsebrühe, gekörnte
1 EL	Butter

Die Bohnen waschen, an den Enden abschneiden und in mundgerechte Stücke schneiden. In einer großen Pfanne die Butter zerlassen, die Bohnen hinein geben und mit der Gemüsebrühe bestäuben.

Die Bohnen kurz anschwitzen, ca. 100 ml Wasser dazugeben und bei geschlossener Pfanne 15 Min. dünsten.

In der Zwischenzeit die Tomaten waschen und halbieren und die Nudeln in Salzwasser bissfest kochen. Die Kräuter waschen und fein hacken, die Knoblauchzehen schälen und hacken. Kräuter, Knoblauch, Olivenöl, Parmesan und Zitronensaft vermischen.

Die Tomaten zu den Bohnen geben und alles weitere 5 Min. dünsten. Danach die Kräutermischung und die gekochten Nudeln unter die Bohnen mischen, kurz ziehen lassen und mit Pfeffer abschmecken.

Türkische Nudeln mit Knoblauchsoße

250 g	Penne
300 g	Rinder Hackfleisch
6 EL	Ajvar
1	Zwiebel
4 TL	Paprikapulver, rosenscharf
2 EL	Olivenöl, griechisch
	Pfeffer
150 ml	Ayran
2 EL	Zitronensaft
1 Zehe	Knoblauch

Für die Knoblauchsauce den Ayran mit dem Zitronensaft vermischen. Den Knoblauch durch eine Knoblauchpresse drücken und zum Joghurt hinzufügen.

Die Penne nach Packungsanweisung in reichlich Salzwasser kochen.

Parallel die Zwiebel in kleine Würfel schneiden. Das Hackfleisch in einer größeren Pfanne scharf anbraten und anschließend die Zwiebeln zum Hackfleisch hinzufügen.

Beides 3 – 4 Minuten braten lassen. Die fertig gekochten Penne, sowie den Ajvar zum Hackfleisch-Zwiebel-Gemisch dazugeben.

Alles für 2-3 Minuten braten lassen. Mit rosenscharfem Paprikapulver und Pfeffer abschmecken. Die Nudeln auf einem tiefen Teller anrichten und je nach Geschmack die Knoblauchsauce dazugeben.

Waffeln für Diabetiker

100 g	Diät Margarine
3	Eier
200 g	Mehl
1 Msp.	Backpulver
150 g	Joghurt, fettarm
60 ml	Mineralwasser
1 TL	Süßstoff

Diätmargarine, Eigelb, Joghurt und Süßstoff verrühren .Mineralwasser zugeben.

Mehl mit Backpulver vermischen und unterheben.

Zuletzt den steifgeschlagenen Eischnee vorsichtig unterziehen.

Waffeln backen.

Spritzgebäck

100 g	Margarine
60 g	Süßstoff
½	Orange, davon die abgeriebene Schale
150 g	Weizenmehl
45 ml	Milch, fettarm 1,5%
30 g	Mandeln, geschält und gemahlen

Margarine schaumig rühren. Nach und nach den Süßstoff und die Orangenschale hinzufügen.

Gesiebtes Mehl esslöffelweise mit der Milch unterrühren, zum Schluss die Mandeln unterheben.

Den Teig in einen Spritzbeutel füllen und in verschiedenen Formen auf ein Backblech mit Backpapier spritzen.

Die Plätzchen im vorgeheizten Backofen bei 175-200° etwa 10 Minuten backen, Anschließend sofort vom Blech lösen und abkühlen lassen.

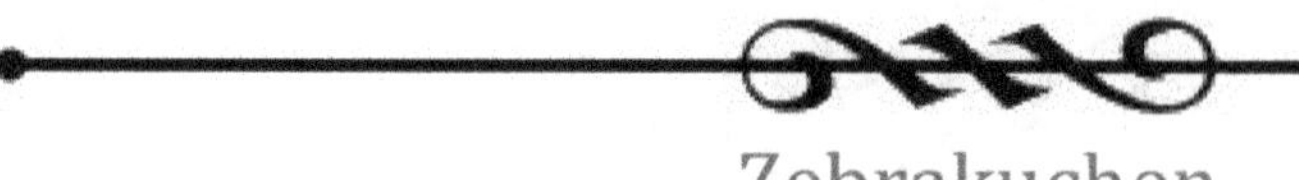

Zebrakuchen

225 g	Butter oder Margarine
70 g	Süßstoff
1 Prise	Salz
7 große	Eier
350 g	Mehl
1 ½ Pck.	Backpulver
20 g	Kakaopulver, ungesüßt
3 EL	Milch

Butter oder Margarine, Diabetikersüße und Salz cremig schlagen. Eier nach und nach unterrühren. Mehl und Backpulver mischen, kurz unterrühren.

Teig halbieren. Kakao und Milch unter eine Hälfte rühren. Boden einer Springform (26 cm Durchmesser) mit Backpapier auslegen. Von der Mitte der Springform her den Teig abwechselnd mit einem Esslöffel hineingeben.

Form mehrmals vorsichtig rütteln. Im vorgeheizten Backofen (E-Herd: 175°C/ Umluft: 150°C) 35-40 Minuten backen.

Kuchen aus dem Ofen nehmen. Auskühlen lassen und aus der Form lösen. Backpapier abziehen. Zebrakuchen mit Diabetikersüße bestäuben.

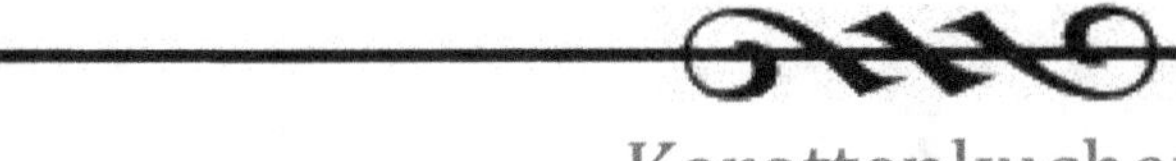

Karottenkuchen

250 g	Karotten, gerieben
50 g	Vollkornmehl
2 TL	Backpulver
50 g	Mandeln, gerieben
100 g	Haselnüsse, gerieben
50 g	Semmelbrösel
3	Eier, getrennt
100 g	Süßstoff
1 Prise	Salz
	Zimt

Mehl, Backpulver, Mandeln, Nüsse, Salz und Semmelbröseln vermengen. Zimt und Süßstoff schaumig rühren.

Mehl-Nuss-Masse und geriebene Karotten unterheben. Schnee schlagen und unterheben.

Im vorgeheizten Backrohr bei ca. 180° C ca. 45 min. backen.

In 14 gleichgroße Stücke schneiden.

Quarkbrot

150 g	Magerquark
2	Eier
50 g	Mandeln, gemahlen
50 g	Leinsamen, geschrotet
25 g	Buchweizen, gemahlen
10 g	Mehl
½ Pck.	Backpulver
½ TL	Salz
1 EL	Sonnenblumenkerne
	Fett für die Form

Den Quark mit den Eiern glatt rühren. Die Mandeln mit dem Leinsamen, dem Buchweizen, Mehl, Backpulver und Salz in einer separaten Schüssel mischen.

Danach unter den Quark rühren und 10 Minuten ruhen lassen.

In eine gefettete Kastenform (20 cm) füllen, glatt streichen und mit den Sonnenblumenkernen bestreuen.

Im vorgeheizten Backofen (Umluft: 150°C) auf der mittleren Schiene für 30 - 35 Minuten backen.

Eine Scheibe enthält 51 kcal, 3 g Eiweiß, 2,4 g Kohlenhydrate und 3 g Fett. 1 BE entspricht 5 Scheiben.

Zwetschgenkuchen

125 g	Frischkäse, körnig
4 EL	Sonnenblumenöl
1	Ei
1 Prise	Salz
60 g	Zuckerersatz
20 g	Zucker
½ Pck.	Backpulver
100 g	Dinkelvollkornmehl
100 g	Mandeln, gemahlen
	Gewürze
800 g	Zwetschgen
	Zimtzucker

Den Boden einer 26er Springform mit Backpapier auslegen. Dabei das Backpapier beim Zusammensetzen der Form mit einklemmen und das überstehende Papier außen abschneiden.

Der Rand muss nicht eingeölt oder mit Butter bestrichen werden. Den Ofen auf 200 °C vorheizen.

Die Teigzutaten verrühren und in der Springform mit einem Gummischaber gleichmäßig verteilen. Die Zwetschgen waschen, entkernen, halbieren oder vierteln und auf dem Teig verteilen.

Es funktioniert auch mit gefrorenen, aufgetauten und abgetropften Zwetschgen. Mit dem Zimtzucker bestreuen.

Den Kuchen bei 200 °C 20 - 35 Minuten, je nach Ofen, backen. In der Form abkühlen lassen, damit die Zwetschgen nicht vom Kuchen laufen.

Bananenkuchen

110 g	Butter, weich
200 g	Fruchtzucker oder Diabetikerzucker
1 Pck.	Vanillearoma
2 große	Eier
2 EL	Wasser, kochend
300 g	Dinkelvollkornmehl
2 TL	Backpulver
1 Prise	Salz
1 TL	Ingwerpulver
100 g	Haselnüsse
1 Tafel	Diätschokolade, gehackt
2 große	Bananen
	Butter und Paniermehl für die Form

Kuchenform einfetten und ausbröseln.

Butter, Zucker, Vanillezucker oder Aroma und Eier sehr schaumig schlagen, dabei das Wasser einrühren.

Mehl, Backpulver, Ingwer, Salz Haselnüsse und Schokolade mischen und einrühren. Bananen mit einer Gabel zerdrücken unter den Teig heben. In eine vorbereitete Form füllen und glatt streichen.

Im heißen Backofen bei 180 °C Ober-/Unterhitze ca. 75 Min. backen. Stäbchenprobe durchführen. Kuchen auf ein Gitter stürzen und abkühlen lassen.

Leichter Käsekuchen

15 Scheiben	Zwieback
120 g	Halbfett Margarine
600 g	Frischkäse, light
70 g	Zuckerersatz
1 Pck.	Vanillezucker
1 TL	Maisstärke
1	Zitrone, unbehandelt, Saft und Schale
1 EL	Süßstoff
5	Eier

Zwieback zu feinen Bröseln zerkleinern und mit der Halbfettmagarine zu einer Masse verkneten.

Eine Springform mit Halbfettmagarine einreiben und mit zugeschnittenem Backpapier auslegen. Die Masse in die Form drücken und 1 cm Rand hochziehen. Kalt stellen.

Den Backofen auf 150 Grad Umluft vorheizen.

Frischkäse, Zucker, Vanillezucker, geriebene Zitronenschale, den Zitronensaft, den Süßstoff und die Maisstärke verrühren.

Die Eier trennen und das Eigelb unterrühren. Bei Bedarf mit Süßstoff nachsüßen. Das Eiweiß zu Eischnee schlagen und vorsichtig unterheben. Die Masse in die Springform geben und glatt streichen.

Ca. 60 Minuten backen. Nach 40 Minuten mit Alufolie abdecken, damit der Kuchen oben nicht zu braun wird. Er sollte goldgelb sein. Im Kühlschrank ca. 30 Minuten auskühlen lassen.

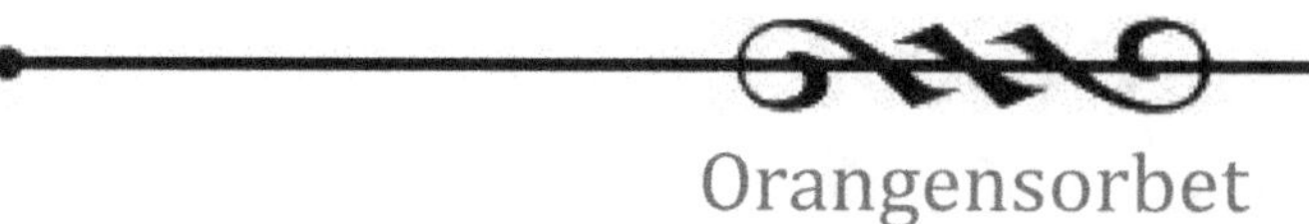

Orangensorbet

¾ Liter	Orangensaft, frisch gepresst.
100 g	Diätsüße
1 TL	Zimt
1 TL	Orangenlikör
1	Orange, unbehandelte
n. B.	Minze
	Orangen Filets zum Garnieren

750 ml frisch gepressten Orangensaft evtl. seihen, um das Fruchtfleisch zu entfernen.

Den Saft aufkochen und mit verrühren. Sobald sich die Diätsüße gelöst hat, erkalten lassen. Anschließend den Zimt, die Orangenzesten, Likör oder Orangenwasser zugeben und miteinander verrühren.

Die Mischung nun in eine Metallschüssel umfüllen und in den Tiefkühler oder in das Tiefkühlfach eines Kühlschranks stellen.

Alle 20 Minuten mit einem Schneebesen gut durchrühren, so dass sich keine Eiskristalle bilden und alle Zutaten gut gemixt werden. Je nach Kälte des Tiefkühlers bzw. Gefrierfachs muss dies 5- bis 8-mal wiederholt werden.

In Portionsschälchen, Sektschalen oder gereinigten, ausgehöhlten Orangenhälften servieren.

Kokosmakronen

4	Eiweiß
250 g	Zuckerersatz
	Rohrohrzucker
6 g	Vanillexylit
250 g	Kokosraspel
1 Paket	Oblaten

Für das Vanillexylit einfach Xylit mit Vanillemark mischen und in ein Glas füllen.

Die Eiweiße steif schlagen. Xylit und Vanillexylit dazugeben. Die Kokosraspel unterrühren.

Jeweils ca. 1 Teelöffel der Masse auf eine Oblate drücken. Das Blech in den auf 150°C vorgeheizten Backofen (Ober-/Unterhitze, Mitte) schieben. Nach 25 min. sind sie fertig.

Beim Rausholen sind sie noch weich und zerbröseln sehr leicht. Deshalb erst abkühlen lassen.

Russischer Gewürztee

2 Tassen	Wasser
2 TL	Tee, schwarzer
2	Nelken
1 Stange	Zimt
½	Orange, unbehandelt
½	Zitronen Saft
	Süßstoff, nach Geschmack

Wasser zum Kochen bringen, Nelken, ein Stückchen Zimtstange und etwas angeriebene Orangenschale in einem Leinensäckchen hineinhängen und ziehen lassen.

Nach knapp 10 Minuten den Tee, den Saft der halben Orange, sowie Zitronensaft zugeben.

Einige Minuten ziehen lassen und nach Belieben süßen.

Masala Chai Tee

6 Tassen	Wasser
4 Tassen	Milch
6	Kardamomkapseln, grüne
4	Nelken
1 EL	Fenchelsamen
1 TL	Anis
1 Stange	Zimt
½ TL	Ingwer, frisch, feingehackt
4 EL	Tee, schwarzer

Die Zutaten, außer Milch und schwarzem Tee, in einem Topf zum Kochen bringen und bei geringer Hitze 10 Min. köcheln lassen.

Nun die Milch zugeben und 5 min. weiterköcheln. Schwarzen Tee zugeben, kurz aufkochen und 3-5 Min. ziehen lassen. Dann durch Sieb abgießen und nach Belieben süßen. Heiß servieren.

Einfacher Erkältungstee

1 Bund	Thymian
250 ml	Wasser, kochend heißes
1 TL	Honig

250 ml Wasser sprudelnd kochen lassen.

Ein paar Thymianzweige zu einem kleinen Bund zusammenbinden und in eine große Tasse hängen. Mit dem kochend heißen Wasser übergießen und 10 Minuten abgedeckt ziehen lassen.

Danach das Thymianbündel heraus nehmen und den Tee durch ein kleines Haarsieb in eine Teetasse filtern. Erst dann 1 Teelöffel Honig einrühren.

Den Tee langsam und in kleinen Schlückchen trinken. Nach Bedarf mehrere Tassen über den Tag verteilt trinken und abends nochmal 1 Tasse vor dem Zubettgehen.

Ingwer Kurkuma Tee

30 g	Ingwerwurzel
½ TL	Kurkumapulver
1 Liter	Wasser, kochendes
1 TL	Honig

Die gereinigte Ingwerwurzel in Scheiben schneiden, in eine Teekanne geben und mit dem kochenden Wasser übergießen.

Kurkuma und Honig dazugeben, umrühren und 5 - 10 Minuten ziehen lassen.

Vor dem Trinken nochmal umrühren, da sich das Kurkumapulver am Boden der Kanne absetzt.

Grapefruit Tee

500 ml	Tee, grüner
3 EL	Akazienhonig
500 ml	Grapefruitsaft, frisch gepresst, ungesüßt
	Zitronenmelisse

Grünen Tee nach Anweisung zubereiten, mit Akazienhonig süßen und vollständig erkalten lassen.

Tee mit frisch gepresstem Grapefruitsaft mischen.

Eiswürfel nach Wunsch in 4 Gläser geben und mit dem Tee auffüllen. Nach Wahl mit etwas Zitronenmelisse garnieren.

Minze Ingwer Tee

1 Bund	Minze, frische
1 kl. Stück	Ingwer
n. B.	Zitronensaft
	Zitronenschale, unbehandelt, abgerieben
etwas	Honig
n. B.	Wasser, kochendes

Die Minze Zweige gut waschen, und den kompletten Bund in der Hand so gegeneinander drehen, als würde man ein Handtuch auswringen.

Am besten in eine Kanne geben, die eine Siebausguss besitzt. Den Ingwer ungeschält in dünne Scheiben schneiden und ebenfalls in die Kanne geben.

Wer mag, kann noch etwas Zitronensaft oder die Schale nach Geschmack hinzufügen.

Das Ganze nun mit kochendem Wasser aufgießen und ca. 10 min. auf dem Stövchen ziehen lassen. Mit Honig gesüßt, ist dies der perfekte Tee für kalte Tage.

Pfefferminz Melissen Tee

2 Handvoll	Zitronenmelisse, frische mit Stiel
1 Handvoll	Pfefferminze, frische mit Stiel
1 Liter	Wasser, heißes
1 TL	Rohrzucker

Die Melisse und die Minze mit den Stielen in eine Kanne geben. Man kann sie auch mit einer Küchenschere ca. fingerlang kleinschneiden.

Nicht hacken, sonst verflüchtigen sich die ätherischen Öle. Rohrzucker hinzugeben und mit dem heißen Wasser aufgießen.

Dann abgedeckt ziehen lassen. Nach ca. 20 Minuten hat sich ein sehr erfrischender Geschmack entwickelt, je länger der Sud stehenbleibt, desto intensiver der Geschmack.

Einfacher Anis Tee

1 TL	Anis
250 ml	Wasser
250 ml	Tee, schwarzer
	Zitronensaft

Den Anissamen in Wasser aufkochen und ca. 5 Minuten ziehen lassen.

Den schwarzen Tee nicht zu stark zubereiten und den Anis Saft durch ein Sieb hinzugeben.

Nach Geschmack mit Süßstoff und Zitronensaft verfeinern.

Einfacher Rosmarin Kirschtee

2 EL	Tee, grüner
1 Zweig	Rosmarin
250 ml	Wasser
250 ml	Kirschsaft

Den grünen Tee und den Rosmarin in ein Tee-Ei geben.

Wasser kochen und den Tee damit überbrühen. 10 Minuten ziehen lassen.

Das Tee-Ei entfernen und mit Kirschsaft aufgießen. Nach Wunsch noch süßen und in Gläsern servieren.

Zitrus Tee

1 Liter	Wasser
5 EL	Rohrzucker
2	Orangen
1	Zitrone, unbehandelt
50 g	Ingwer

Das Wasser zusammen mit dem Zucker so lange kochen, bis sich der Rohrzucker komplett aufgelöst hat.

Währenddessen die Schale des Ingwers mithilfe eines Teelöffels abschaben. Dadurch geht nicht zu viel vom Ingwer verloren.

Den Ingwer nun mit einer Reibe komplett aufreiben. Den geriebenen Ingwer mit dem Zuckerwasser 10 Minuten kochen lassen. Ggf. die Endstücke vom Ingwer, die nicht mehr gerieben werden konnten, ruhig mitkochen und einfach am Schluss rausfischen.

Die Schale der Zitrone abreiben, den Saft der Zitrone und der Orangen auspressen. Saft und Schale mit ins kochende Ingwerwasser geben und kurz mitkochen.

17. Schlusswort

Dieses Kochbuch möchten wir noch mit einem kurzen Schlusswort beenden.

Wir hoffen, dass Sie durch dieses Kochbuch nun einige neue Lieblingsrezepte gefunden haben, die Ihnen besonders gut schmecken.

Wenn Ihnen das Buch gefallen hat und Sie inspirieren konnte, würden wir uns über eine positive Rezension sehr freuen.

Feedback und Kritik sind selbstverständlich auch jederzeit willkommen.

Guten Appetit!

18. Rechtliches

Impressum

Prestige Kitchen Club wird vertreten durch

Gabriel Koroljow

Marc-Chagall-Str. 11

74653 Künzelsau

Deutschland

Copyright© 2021 – Prestige Kitchen Club

Alle Rechte vorbehalten